T0198709

essentials

essentials liefern aktuelles Wissen in konzentrierter Form. Die Essenz dessen, worauf es als „State-of-the-Art" in der gegenwärtigen Fachdiskussion oder in der Praxis ankommt. *essentials* informieren schnell, unkompliziert und verständlich

- als Einführung in ein aktuelles Thema aus Ihrem Fachgebiet
- als Einstieg in ein für Sie noch unbekanntes Themenfeld
- als Einblick, um zum Thema mitreden zu können

Die Bücher in elektronischer und gedruckter Form bringen das Expertenwissen von Springer-Fachautoren kompakt zur Darstellung. Sie sind besonders für die Nutzung als eBook auf Tablet-PCs, eBook-Readern und Smartphones geeignet. *essentials:* Wissensbausteine aus den Wirtschafts-, Sozial- und Geisteswissenschaften, aus Technik und Naturwissenschaften sowie aus Medizin, Psychologie und Gesundheitsberufen. Von renommierten Autoren aller Springer-Verlagsmarken.

Weitere Bände in der Reihe http://www.springer.com/series/13088

Dominic Lindner

Forschungsdesigns der Wirtschaftsinformatik

Empfehlungen für die Bachelor- und Masterarbeit

 Springer Gabler

Dominic Lindner
Nürnberg, Deutschland

ISSN 2197-6708   ISSN 2197-6716 (electronic)
essentials
ISBN 978-3-658-31139-1   ISBN 978-3-658-31140-7 (eBook)
https://doi.org/10.1007/978-3-658-31140-7

Die Deutsche Nationalbibliothek verzeichnet diese Publikation in der Deutschen Nationalbiblio-
grafie; detaillierte bibliografische Daten sind im Internet über http://dnb.d-nb.de abrufbar.

Planung/Lektorat: Susanne Kramer
Springer Gabler ist ein Imprint der eingetragenen Gesellschaft Springer Fachmedien Wiesbaden
GmbH und ist ein Teil von Springer Nature.
Die Anschrift der Gesellschaft ist: Abraham-Lincoln-Str. 46, 65189 Wiesbaden, Germany

Was Sie in diesem *essential* finden können

- Grundlagen und Hintergründe zur empirischen Sozialforschung
- Festlegung eines wissenschaftlichen Themas
- Sieben Forschungsdesigns der Wirtschaftsinformatik
- Abschlussarbeit mit Praxispartner

Vorwort

Alles begann für mich 2012 mit der Bachelorarbeit. Als Student der Wirtschaftsinformatik in Erlangen-Nürnberg habe ich meine ersten wissenschaftliche Versuche unternommen – leider mit durchschnittlichem Erfolg. Für mich schien die hohe Kunst der Wissenschaft wie eine Gabe von einem anderen Stern. Die genauen Vorgehensweisen der Wissenschaftler verstehen zu können, das war für mich wie eine Reise zu Mond.

Ich habe mich jedoch nicht entmutigen lassen und wollte im Masterstudium neu angreifen. Ergebnis dieser Bemühungen war ein Forschungsseminar in Schweden, das mit einem studentischen Forschungspaper abgeschlossen werden sollte. Durch das Coaching eines Professors konnte ich den Kurs erfolgreich beenden und erhielt dafür sogar den Best-Paper-Award der Student Conference in Computing Science Umeå – Schweden (Lindner 2014). Daraufhin wollte ich weiter in die Forschung eintauchen und schrieb 2014 meine Masterarbeit gemeinsam mit einem Praxispartner. Diese wurde nach elf Monaten harter Arbeit als herausragende Masterarbeit mit dem deutschen Studienpreis für Projektmanagement der GPM (Lindner 2016) ausgezeichnet.

Ich beschloss, meine Kenntnisse in einer Doktorarbeit (vgl. Lindner 2019) zu vertiefen und besuchte in diesem Rahmen in den letzten fünf Jahren verschiedene Forschungsseminare. Im Jahr 2020 konnte ich die Doktorarbeit abschließen, wobei ich bis dahin zudem fast 50 Abschlussarbeiten von Studenten betreut habe. Daneben habe ich begonnen, auf https://agile-unternehmen über meine wissenschaftlichen Designs zu bloggen, die von zahlreichen Studenten als hilfreiche Impulse aufgenommen worden sind. Dieses *essential* fässt meine Erfahrungen zu Forschung in der Wirtschaftsinformatik der letzten knapp zehn Jahre in der Wissenschaft zusammenfassen und wird Ihnen mit pragmatischen Beispielen einen Einstieg vermitteln. Natürlich wurden zu Beginn der Forschungsphase wichtige und relevante Fachbücher gelesen, welche viele Definitionen gegeben haben. Allerdings waren diese oft komplex und verworren. Die besten Empfehlungen ergeben sich im direkten Gespräch mit erfahrenen Wissenschaftlern und durch ausprobieren. Das *essential* soll sich deswegen auf Praxisempfehlungen durch erfahrene Wissenschaftler und meine eigenen Erfahrungen konzentrieren, welche Sie in dieser Form nicht in forschungstheoretischen Fachbüchern finden. Sie werden deswegen nur wenige Quellenverweise im *essential* finden.

In diesem *essential* werden, soweit wie möglich, geschlechtsneutrale Formulierungen verwendet. Wo dies nicht realisierbar ist, wird zur leichteren Lesbarkeit die männliche Form verwendet. Sofern keine explizite Unterscheidung getroffen wird, sind daher stets sowohl Frauen, Diverse als auch Männer gemeint.

Dominic Lindner

Inhaltsverzeichnis

Einleitung 1

Das Studium kann die aufregendste Zeit im Leben sein, es ist der Einstieg ins wissenschaftliche Arbeiten und wird oft als Garant für eine Karriere in der Wirtschaft gesehen. Nur wenige Studenten streben nach dem Studium eine wissenschaftliche Tätigkeit im Bereich der Wirtschaftsinformatik an. Die Zahl an Studenten insgesamt steigt konstant an. Allein im Jahr 2019 studierten knapp 2,2. Mio. Studenten in Deutschland (Abb. 1.1).

Ein Meilenstein im Studium ist die Abschlussarbeit, die sowohl als Bachelor- als auch als Masterarbeit eine wissenschaftliche Herangehensweise erfordert. Ein wichtiger Faktor ist der Betreuer, der die Arbeit bewertet und maßgeblich für den Erfolg durch hilfreiche Empfehlungen verantwortlich ist. Ich habe selbst ebenfalls über 50 Abschlussarbeiten betreut und immer versucht mein Bestes zu geben. Doch oft bleibt neben Job, eigener Doktorarbeit und der Forschung kaum noch Zeit, die Betreuung im notwendigen Umfeld durchzuführen. Dies spiegelt sich auch in der zunehmenden Anzahl an Abschlussarbeiten pro Semester. Laut Abb. 1.2 schrieben im letzten Semester 2019 knapp 400 000 Studenten eine Abschlussarbeit. Die Empfehlung ist deswegen, gerade mit einem solchen Essential, sich proaktiv in Forschungsmethoden einzulesen und damit nicht zu 100 % von einem Betreuer abhängig zu sein.

Ziel dieses Essential ist es, erste grundlegende Kenntnisse über die Forschung und das Schreiben einer Abschlussarbeit im Fach Wirtschaftsinformatik und Wirtschaftswissenschaften mit Nebenfach IT zu erlangen.

▶ Zu berücksichtigen ist, dass für eine Abschlussarbeit nur begrenzt Zeit zur Verfügung steht und der Fokus auf der Anwendung von Forschungsmethoden liegt. Sie sollten also weniger versuchen, die Welt durch Ihre Ergebnisse zu revolutionieren, sondern gesichertes

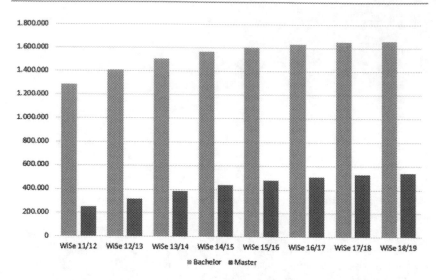

Abb. 1.1 Bachelor- und Masterstudenten in Deutschland pro Jahr. (Quelle: Eigene Abbildung – Zahlen entnommen aus HRK 2018)

Wissen durch die korrekte Anwendung von Forschungsmethoden in einer angemessenen Zeit zu produzieren. Sie lernen also, ein komplexes Problem innerhalb eines bestimmten Zeitraums strukturiert zu bearbeiten.

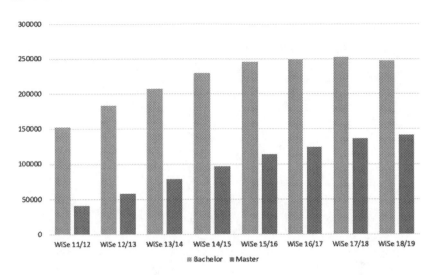

Abb. 1.2 Anzahl der Studienabschlüsse in Deutschland pro Jahr. (Quelle: Eigene Abbildung – Zahlen entnommen aus Destatis 2018)

Grundlagen der empirischen Sozialforschung

2

Für viele Studenten mag die Abschlussarbeit zu Beginn ein Buch mit sieben Siegeln sein. Dabei stellt sich häufig die Frage, was Forschung genau bedeutet und wodurch sich diese von einer Hausarbeit unterscheidet, denn für viele scheint die Wissenschaft eine hochkomplexe, undurchsichtige Angelegenheit zu sein. In diesem Kapitel werden einige Grundlagen zu empirischer Sozialforschung vorgestellt, die in der Wirtschaftsinformatik häufig angewandt wird.

2.1 Bedeutung und Qualitätskriterien von empirischer Sozialforschung

Die empirische Sozialforschung befasst sich hauptsächlich mit sozialen und humanen Sachverhalten. Anwendungsfälle sind im Kontext von Unternehmen und Gesellschaft die Erforschung des Verhaltens, des Tuns, des Zusammenlebens sowie des Erlebens von Menschen.

Das Ziel ist es, Sachverhalte wissenschaftlich, strukturiert und nachvollziehbar zu untersuchen und sogenannte gesicherte Erkenntnisse zu erlangen. Dazu werden Daten durch Interviews, Befragungen oder anhand von weiteren Methoden gesammelt und es muss nachvollziehbar dokumentiert werden, wie diese erhoben worden sind.

> ▶ Wissenschaftliche Forschung sollte wie ein Kochrezept funktionieren, sodass ein anderer in der Lage sein sollte, Ihr Gericht nachzukochen.

© Der/die Herausgeber bzw. der/die Autor(en), exklusiv lizenziert durch
Springer Fachmedien Wiesbaden GmbH, ein Teil von Springer Nature 2020
D. Lindner, *Forschungsdesigns der Wirtschaftsinformatik*, essentials,
https://doi.org/10.1007/978-3-658-31140-7_2

Nach der Sammlung der Daten gilt es, diese so auszuwerten, dass gesichertes Wissen in Form von Hypothesen vorliegt. Hypothesen sind von Widersprüchen freie, aber zunächst unbewiesene Aussagen (Duden 2020).

▶   Wissenschaftlicher Erkenntnisgewinn ergibt sich aus der Sammlung und Auswertung von Daten durch einen strukturierten Forschungsprozess.

Wie gesichert ihr Erkenntnisgewinn ist, entscheidet häufig über die Qualität der Forschung und auch über die Note einer Abschlussarbeit. Dabei gilt es, gewisse Gütekriterien in der Forschung zu beachten. Diese sind im Allgemeinen:

- Objektivität
- Reliabilität
- Validität

Eine Datenerhebung sollte objektiv sein. Daten können auf verschiedenen Wegen erhoben werden, ebenso kann der gleiche Sachverhalt auf verschiedene Art interpretiert werden. Dies kann jeder mit anderen Augen sehen. Daher sind hier folgende Fragen zu stellen:

- Wie hoch ist die Chance, dass unabhängige Personen die gleichen Daten wie Sie erheben?
- Wie hoch ist die Chance, dass unabhängige Personen die Ergebnisse aus Ihren Daten gleich interpretieren?

Mit Reliabilität wird die Zuverlässigkeit der Ergebnisse beschrieben: Wie lange sind diese stabil und bleiben diese bei wiederholter Messung gleich? Validität zielt dagegen auf die Gültigkeit und die materielle Genauigkeit eines Messinstruments, also der Methodik ab. Dazu gibt es zahlreiche Nebenkriterien, welche sich jeder Forscher selbst festlegen kann.

Beispiel der Messung mit den genannten Kriterien
Sie möchten mithilfe von Experteninterviews Konflikte in agilen Teams besser verstehen und daraus Handlungsempfehlungen ableiten. Sie erheben Daten anhand der Interviews und werten diese aus. Auf dieser Grundlage formulieren Sie die Handlungsempfehlungen. Unter Berücksichtigung der oben genannten Kriterien ist auf Folgendes zu achten:

- Objektivität: Sie müssen die Ableitung der Handlungsempfehlungen präzise und nachvollziehbar durchführen. Es gilt, diese auch immer zu limitieren, sodass eine Gültigkeit sicherlich nicht immer besteht.
- Reliabilität: Sie könnten eine kurze abschließende Diskussion oder eine Bewertung der Handlungsempfehlungen durch die Probanden vornehmen lassen.
- Validität: Wichtig ist eine nachvollziehbare Dokumentation Ihrer Forschungsmethodik und des Ablaufs der Interviews.

2.2 Qualitative und quantitative Forschung

Ein weiterer Aspekt der empirischen Sozialforschung ergibt sich aus der Unterscheidung der Methoden in qualitative und quantitative Forschung.

Die **qualitative Forschung** zielt auf explorative und oft kleine Datensätze (z. B. 15 Experteninterviews) ab. Dabei verschaffen Sie sich einen Zugang zur Realität über die subjektive Deutung. Die Stärke der qualitativen Forschung zeigt sich in der Regel bei individuellen oder unbekannten Fragestellungen. Durch die offene Vorgehensweise können unbekannte Fragestellungen erforscht und Vorgehensweisen an die neuen Erkenntnisse angepasst werden. Die Nachteile sind, dass Sie oft interpretieren und diese subjektive Perspektive angreifbar ist. Jeder kann aus den Daten etwas anderes herauslesen, weshalb die Interpretation der Daten ausführlich zu begründen ist. Beispiele sind Experteninterviews.

Die **quantitative Forschung** umfasst die standardisierte und die strukturierte Erfassung von Daten. Sie zielt damit nicht auf ein Forschungsobjekt, sondern auf zahlreiche Objekte ab und versucht, diese numerisch zu beschreiben. Dazu sind viele Datensätze (mind. 30) notwendig. Der Vorteil liegt in der leichteren Verallgemeinerbarkeit und in der Vergleichbarkeit. Nachteile ergeben sich aus der Konzeption der Fragebögen, da es sich um ein bekanntes und standardisierbares Problem handeln sollte. Beispiele sind Onlinebefragungen.

▶ Der wesentliche Unterschied zwischen der qualitativen und quantitativen Forschung besteht darin, dass qualitativ eher individuelle Daten durch wenige Forschungsobjekte und quantitativ eher viele Daten allgemein über viele Forschungsobjekte erhoben werden.

2.3 Methodenspektrum der Wirtschaftsinformatik und wissenschaftliche Einordnung

Das Fachgebiet Wirtschaftsinformatik ist vielseitig, dennoch wird häufig nur ein geringer Anteil der zur Verfügung stehenden Methoden genutzt. Dazu soll dieses Kapitel einen Überblick geben. Anhand dieser Ausführungen haben Sie zudem die Möglichkeit, Ihre Forschung wissenschaftlich einzuordnen. Wie im vorangegangenen Kapitel erwähnt, gibt es qualitative und quantitative Methoden. Dies ist die erste Dimension der Unterteilung des Methodenspektrums der Wirtschaftsinformatik. Die zweite ergibt sich aus der Unterscheidung zwischen einem verhaltenswissenschaftlichen und konstruktivwissenschaftlichen Vorgehen. Das verhaltenswissenschaftliche Vorgehen in der Wirtschaftsinformatik hat zum Ziel, das Verhalten von Menschen oder der Technologie zu beobachten. Das konstruktivwissenschaftliche Vorgehen befasst sich damit, etwas zu erschaffen und zu evaluieren, z. B. eine Software. In Tab. 2.1 werden das Methodenspektrum und das Vorgehen in der Wirtschaftsinformatik dargestellt. Damit können Sie Ihre eigene Arbeit einordnen.

▶ Die deutsche Wirtschaftsinformatik ist meiner Ansicht nach eher qualitativ und verhaltenswissenschaftlich geprägt.

Außerdem kann zwischen interpretativen, positivistischen und real-kritischen Ansätzen in der Forschung unterschieden werden. Als positivistisch wird eine Beschränkung auf die Realität zur Erhebung von Daten bezeichnet. Real-kritisch ist eine Vorgehensweise, bei der ein Forscher versucht, allgemeine Thesen anhand von Gegenbeweisen zu widerlegen. Nach dem interpretativen Ansatz werden die Problemstellungen durch fortlaufendes Eingreifen und Interpretation des Eingriffs durch den Menschen untersucht.

Tab. 2.1 Methodenspektrum und Einordnung der Wirtschaftsinformatik. (Quelle: In Anlehnung an Wilde und Hess 2006)

	Verhaltenswissenschaft	Konstruktivwissenschaft
Qualitativ	Experteninterview Fallstudien Gruppendiskussion	Prototypen Design Science Aktionsforschung
Quantitativ	Befragung Experiment	Referenzmodellierung Simulation

2.4 Fazit

Festzustellen ist, dass eine wesentliche Eigenschaft der Wissenschaft in der sauberen und der strukturierten Erhebung von Daten besteht. Sie orientiert sich an klaren Kriterien und definierten Forschungsmethoden, die nachvollziehbar sein sollten. Diese Methoden sind in qualitative und quantitative Methoden unterteilt, die in Kap. 4 näher erläutert werden.

Findung und Eignung eines Themas

Ein häufiger Gedankengang bei der Findung eines Themas der Abschlussarbeit dürfte sein: „Thema XX ist spannend – das soll Thema der Abschlussarbeit werden!". Doch zwischen Praxis und Wissenschaft besteht ein gravierender Unterschied. Für einen Praxisartikel sucht sich ein Journalist beispielsweise ein interessantes Thema aus. Im akademischen Bereich erweist sich die Themenauswahl als komplexer Vorgang, denn das Thema sollte auf aktueller Literatur fundiert sein und sinnvolle Ergebnisse liefern. Eine Vorlage zur Themenfindung finden Sie zum Download im Quellenverzeichnis.

3.1 Grobe Themenfindung auf Basis aktueller Literatur

Ein Thema sollte, wie ein Haus, auf einem sicheren Fundament, also auf den Erkenntnissen anderer Forscher aufgebaut werden. Dazu sollten Sie sich zuerst einen Überblick über Ihr Thema verschaffen und die akademischen Diskussionen verfolgen, die vielfach bereits jahrelang andauern. Sie können sich das wie einen großen Debattierklub vorstellen. Zuerst suchen Sie sich einen passenden Debattierklub durch ein eigenes Brainstorming zu einem sehr groben Oberthema, z. B. Mittelstand, Digitalisierung oder Agilität.

Nachdem Sie den passenden Debattierklub gefunden haben, gehen Sie hinein und sehen verschiedene Debattiertische, an denen verschiedene Personen sitzen. Jeder Debattiertisch hat sein eigenes Thema. Wenn Sie sich an einen Tisch dazuzusetzen, werden Sie merken, dass im Wechsel immer eine der Personen am Tisch spricht. Jeden Sprachbeitrag können Sie als eine Veröffentlichung (engl. Paper) und jeden Teilnehmer als den Forscher der Veröffentlichung betrachten.

© Der/die Herausgeber bzw. der/die Autor(en), exklusiv lizenziert durch Springer Fachmedien Wiesbaden GmbH, ein Teil von Springer Nature 2020
D. Lindner, *Forschungsdesigns der Wirtschaftsinformatik*, essentials, https://doi.org/10.1007/978-3-658-31140-7_3

Sie sitzen nun aufmerksam am Debattiertisch und hören zu, was die einzelnen Personen sagen. Dies fassen Sie in der Literaturanalyse zusammen. Anschließend sagen Sie selbst etwas zum Thema des Debattiertisches, was Ihrer Datenerhebung und der Auswertung der Abschlussarbeit entspricht.

Wie kann diese Metapher Ihnen in der Abschlussarbeit helfen? Ganz einfach: Sie müssen Ihren eigenen Debattiertisch in einem bestehenden Debattierklub bilden. Finden Sie zuerst durch Brainstorming ein Oberthema, welches für die Ausrichtung des Debattierklubs steht. Nun gehen Sie sozusagen hinein und verschaffen sich einen Überblick über die einzelnen Debattiertische. Suchen Sie dazu in aktuellen akademischen Datenbanken, wie Springerlink, Google Scholar, Emerald Insight oder ScienceDirect nach einem geeigneten Thema und schauen Sie die neuesten Publikationen durch (gemeint sind jene aus den vergangenen zwei Jahren). Lesen Sie die Überschriften und ordnen Sie diese nach verschiedenen ‚Debattiertischen' (vgl. Abb. 3.1). Sie können alternativ auch sich ein passendes Journal im VHB Jourqual (vgl. 4.9) – einen Verzeichnis für wissenschaftliche Journale – suchen. Sie finden auf vhbonline.org Journale nach Kategorie wie z. B. Wirtschaftsinformatik sortiert. Die Journale sind von A bis D bewertet, wobei A die höchste Bewertung ist. Laden Sie sich die Tabelle für Wirtschaftsinformatik Journale und schauen Sie sich die Journale nach Titel an. Entspricht der Titel eines Journals ungefähr Ihrem Themenfeld? Beispielsweise könnte das Journal of Computeral Finance sinnvolle Publikationen zu Finanzinformatik enthalten. Schauen Sie anschließend in das jeweilige Journale und schauen Sie auf Themen, welche behandelt werden um Ihr Thema zu verfeinern oder schauen Sie allgemein welche Beiträge es zu Ihrer Themenvorstellung gibt. Ein renomiertes und praxisnahes Magazin ist die HMD – Praxis der Wirtschaftsinformatik, welches ich für einen guten Überblick empfehlen kann.

Abb. 3.1 Aufschlüsselung verschiedener Themen zur Digitalisierung von Unternehmen. (Quelle: Eigene Darstellung)

Betrachten Sie die Themenbereiche und merken Sie sich, wo Sie viel Literatur gefunden haben oder wo Sie aus Interesse forschen wollen. Sie müssen in diesem Schritt keine strukturierte Literaturanalyse durchführen, es reicht, wenn Sie etwas in den Datenbanken stöbern. Wie Sie richtig Literatur suchen, wird in Abschn. 4.2 gezeigt. Es empfiehlt sich aber bereits jetzt schon, einen Suchstring zu verwenden, beispielsweise für Abb. 3.1: Unternehmen AND Digitalisierung.

Nun gilt es, einzelne Debattiertische genauer zu betrachten: Suchen Sie sich einzelne Themenfelder aus und recherchieren erneut in Datenbanken nach Literatur der vergangenen zwei Jahre zum Detailthema. Verwenden Sie einen detaillierten Suchstring, wie „Digitalisierung AND KMU AND agile". Sie sollten sich die Überschriften und die Abstracts der Suchergebnisse durchsehen und vier bis fünf aktuelle und inhaltlich ähnliche Studien (Paper) auswählen, die folgende Kriterien erfüllen:

- Die Paper sind spannend.
- Die Paper behandeln ungefähr das Thema, welches Sie auch bearbeiten wollen.
- Die Paper sind thematisch und inhaltlich ähnlich zueinander.

Ich nenne diese Studien die „Foundation Papers", welche die Grundlage Ihrer Arbeit bilden. Sobald diese gefunden sind, haben Sie das schwierigste geschafft. Die Suchmaschine Google Scholar beschreibt dieses Vorgehen mit „auf den Schultern von Riesen". Dies bedeutet, dass Sie Ihre Forschung auf dem Vorwissen anderer Forscher aufbauen.

Jeder Autor eines solchen Foundation Papers ist ein Teilnehmer an Ihren Diskussionstisch und jedes Foundation Paper ein Redebeitrag (vgl. Abb. 3.2). Sie

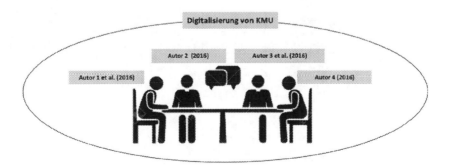

Abb. 3.2 Eine akademische Diskussion zur Digitalisierung von KMU (2016)

lassen zuerst alle Autoren der Foundation Paper reden und sagen anschließend etwas dazu (Ihre Forschung). Sie haben damit das Thema grob gefunden und sollten nun schauen, wie Sie die Diskussion der Foundation Paper sinnvoll fortführen können. Das Thema ist nun noch zu verfeinern.

▷   Es ist wichtig, dass Sie ein Thema auf eine fortlaufende Diskussion und den aktuellen Wissensstand aufbauen. Nur erfahrenen Wissenschaftlern gelingt es, auf Basis von eigenen Ideen eine sinnvolle Forschung zu konzipieren.

3.2   Finalisierung der Themenfindung

Nun möchten Sie das Thema noch näher definieren. Lesen Sie dazu die Foundation Paper genau und schauen Sie sich die Ergebnisse an. Sie haben nun zwei Möglichkeiten (Abb. 3.3):

- Sie führen auf Basis der Erkenntnisse der Foundation Paper die Diskussion fort.
- Sie untersuchen eine Lücke der Foundation Paper oder Sie wiederholen eine Studie der Foundation Paper, indem Sie diese leicht verändern.

Die erste Möglichkeit besteht darin, dass Sie eine einzelne Studie fortsetzen. Lesen Sie dazu aufmerksam den Ausblick der Foundation Paper. Was empfehlen

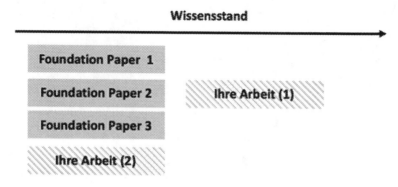

Abb. 3.3 Möglichkeiten der Verwendung der Foundation Paper. (Quelle: Eigene Darstellung)

die Foundation Paper anderen Autoren wie Ihnen? Beispielsweise wurde in meiner Studie zur Führung angeregt, die Erkenntnisse per Experteninterview zu vertiefen, und in meiner Studie zu Arbeit 4.0, die Ergebnisse in Bezug auf Gebäudekonzepte und Agilität zu überprüfen. Sie bauen damit auf aktuelles Wissen auf und führen die Diskussion weiter (vgl. Lindner 2019). Diese Methodik wird in Abschlussarbeiten am häufigsten angewandt.

Eine weitere Möglichkeit ist es, eine vorhandene Studie erneut durchzuführen. Sie zweifeln die Ergebnisse der Studie an, wollen diese leicht verändert wiederholen oder Sie glauben nicht, dass die Ergebnisse allgemeingültig sind und führen die Untersuchung für eine bestimmte Gruppe oder Branche erneut durch. Sie verändern dabei die Forschungsmethode (z. B. Befragung anstelle von Interviews), Sie verändern die Zielgruppe (z. B. KMU-Manager anstelle von Projektleitern) oder Sie wenden die Forschungsmethoden leicht verändert an (z. B. neue Interviewfragen).

> Sie können das wiederum mit einem Kochrezept vergleichen. Sie zweifeln dabei an, dass sich mit den genannten Zutaten das versprochene Gericht zubereiten lässt, das Sie gerade auf dem Teller haben, und kochen es nach, um sicherzugehen (Ergebnis), oder Sie glauben, dass bei der Zubereitung anders vorgegangen werden sollte (Methode).

Natürlich können Sie alternativ das Thema auch auf der Grundlage mehrerer Mutterpaper konzipieren, die im Zusammenhang gesehen werden (vgl. Abb. 3.4).

Abb. 3.4 Vermischung der Foundation Paper zu einem Thema. (Quelle: Eigene Darstellung)

Beispielsweise können ein Paper zu Scrum in der Softwareentwicklung und ein Paper zum Mangel von Fachkräften gemeinsam die Basis für eine Studie zum Einsatz von Scrum zur Gewinnung von Fachkräften sein. In meiner Doktorarbeit wurden jeweils Folgestudien zu meinen vier ausgewählten Foundation Paper durchgeführt und diese als ausgewählte Detailstudien zur Digitalisierung von KMU zusammengefasst. Dabei wurde sogar mit den jeweiligen Autoren zusammengearbeitet.

3.3   Forschungsfrage und Titel finden

Nun gilt es, aus dem Thema eine geeignete Forschungsfrage abzuleiten. Formal leiten Sie die Frage aus den Foundation Paper ab und formulieren diese sinnvoll. Es ist in der Regel ein Satz bzw. eine Frage, die zunächst nicht vollumfänglich beantwortet werden kann. Generell können Sie sich bei Forschungsfragen an folgenden Beispielen orientieren:

- Beschreibung eines Zustands oder der Realität (Digitalisierung in Unternehmen)
- Begründung von Zusammenhängen und Ursachen (Effizienz von Mitarbeitern im Zusammenhang mit Software)
- Gestaltung einer Lösung (Referenzmodell zur Einführung von Software)
- Prognose von Hypothesen (Projektmanagement 2030)
- Evaluation einer Tatsache (Evaluation der Einführung von Software)

Der Titel der Arbeit ist im Anschluss sehr einfach zu bestimmen. Er besteht aus zwei Teilen: Was wird getan und wie wird es getan? Im ersten Teil wird also das eigentliche Thema benannt, z. B. Digitalisierung in KMU oder Automatisierung von Arbeitsplätzen. Im zweiten Teil wird dann das Vorgehen beschrieben, z. B. die Untersuchung eines ausgewählten Unternehmens, eine Fallstudie von KMU oder die Befragung ausgewählter KMU. Beispiele für mögliche Titel sind:

- Agilität in KMU – Befragung ausgewählter Unternehmen
- Digitalisierung von Wissensarbeit – Experteninterviews und empirische Evaluation
- Grundeinkommen in Deutschland – Fallstudie einer ausgewählten Familie

> Titel und Forschungsfrage sollten nahe beieinander liegen. Versuchen Sie nicht, kreativ zu sein, sondern achten Sie auf Einheitlichkeit.

3.4   Ergebnisse einer Abschlussarbeit definieren

Von wesentlicher Bedeutung ist, dass Sie im Vorfeld grob definieren, welche Art von Ergebnis Sie in der Arbeit erhalten möchten, denn danach richtet sich die Findung des Forschungsdesigns, die im 4. Kapitel beschrieben wird. Zwei Möglichkeiten, die sich oft in Abschlussarbeiten finden, sind:

- Framework/Referenzmodell
- Hypothesen/Handlungsempfehlungen

Ein Framework dient in erster Linie dazu, komplexe Sachverhalte zu visualisieren. Es ist also eine Art Orientierung, beispielsweise in der Organisationsentwicklung. Die Konzeption eines Frameworks ist eine Forschungsmethode und wird als Referenzmodellierung bezeichnet (vgl. Abschn. 4.6).

Hypothesen sind in der Regel Aussagen, die Sie im Verlauf der Arbeit beweisen möchten. Darin wird oft auf Variablen Bezug genommen, die in einem Zusammenhang stehen, z. B.: Mitarbeiter in agilen Teams verlangen weniger Gehalt als Mitarbeiter in klassischen Teams. Aus solchen Hypothesen können Sie auch Handlungsempfehlungen ableiten. Gemeint sind Ratschläge, die sich aus den Daten der Abschlussarbeit ergeben. Diese richten sich in der Regel an Praktiker und sollen beim Alltag in Unternehmen helfen. Die Vorteile dieses Vorgehens sind, dass sich Fragen wie: ‚Was haben Sie in Ihrer Abschlussarbeit herausgefunden?' leichter beantworten lassen und Handlungsempfehlungen eine kompakte Übersicht für Praktiker bieten.

Vergessen Sie nicht, die Ergebnisse am Ende sachlich zu diskutieren. Erörtern Sie Fragen wie: Gibt es Zusammenhänge zwischen den Ergebnissen, welche sind neu, welche wurden bereits in der vorhandenen Literatur erwähnt und welche widersprechen der betrachteten Literatur? Auch eventuelle Limitierungen und Ansätze für weitere Forschungen sind Teil der Diskussion.

3.5   Fazit

Sie merken, dass in der Wissenschaft der Aufbau von Wissen auf einer fort-führenden Diskussion besteht und Themen fundiert erarbeitet werden müssen. Hierfür kann die Metapher des Diskussionshauses nützlich sein und Ihnen helfen, sich mit der Denkweise in der Wissenschaft auseinanderzusetzen. Besonders der Anfang ist schwer, es wird allerdings deutlich leichter, sobald Sie die Foundation Paper gefunden haben. Anschließend gilt es, auf den Foundation Paper ein Thema aufzubauen und der wissenschaftlichen Diskussion neue Erkenntnisse hinzuzufügen.

Forschungsdesigns der Wirtschaftsinformatik

4

Ein Forschungsdesign ist die Grundlage einer wissenschaftlichen Arbeit und damit auch ein entscheidender Erfolgsfaktor für die Abschlussarbeit. In diesem Kapitel werden zunächst die Grundlagen von Forschungsdesigns erläutert und anschließend sieben Forschungsdesigns vorgestellt, die als typisch für die Wirtschaftsinformatik gelten. Diese dienen als Orientierung und können gerne in der Abschlussarbeit übernommen und zitiert werden. Dabei wurde bewusst darauf verzichtet, dieses Kapitel auf umfangreicher Literatur und komplexen Definitionen aufzubauen. Vielmehr ist das Ziel, einen pragmatischen Einstieg in die Forschungsmethoden anhand von wenigen Quellen und konkreten Beispielen zu geben. Die Designvorlagen in diesem Kapitel können Sie kostenfrei downloaden. Der Link findet sich im Quellenverzeichnis des Essentials.

▶ Bücher, die in einem renommierten Fachverlag erscheinen, können Sie problemlos in der Abschlussarbeit zitieren und Abbildungen mit Quellenverweis als Vorlagen verwenden. Links zum Download finden sich im Quellenteil.

4.1 Grundlagen von Forschungsdesigns

Ein Forschungsdesign wird allgemein verstanden als eine Aneinanderreihung von Verfahren und Methoden, die zur Klärung von wissenschaftlichen Fragestellungen dienen. Konkret verwenden Sie also verschiedene wissenschaftliche Methoden in einer bestimmten Abfolge. Dies zeigt Abb. 4.1.

Die Auswahl der Methoden hängt wesentlich vom Forschungsobjekt sowie von der Präferenz des Forschers ab. Für mich sollten in einer Abschlussarbeit zwei

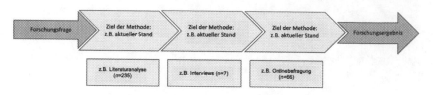

Abb. 4.1 Vorlage für ein Forschungsdesign. (Quelle: Eigene Darstellung)

| Rein qualitativ | Mixed qualitativ | | Mixed quantitativ | Rein quantitativ |

Abb. 4.2 Mixed-Method-Ansatz. (Quelle: Eigene Darstellung)

bis drei Methoden zum Einsatz kommen. Häufig wird auch eine Verbindung von qualitativen und quantitativen Forschungsmethoden, wie Befragung und Experteninterviews, verwendet. In der Wissenschaft wird dann vom Mixed-Method-Ansatz gesprochen. Dafür spricht, dass Sie die Vorteile der verschiedenen Methoden kombinieren: Sie können eine Fragestellung auf verschiedene Arten genau beleuchten und neue Erkenntnisse erzielen, die durch eine rein qualitative oder eine ausschließlich quantitative Forschung nicht möglich gewesen wären. Nahezu jeder Mixed-Method-Ansatz weist eine dominierende Forschungsmethode auf (vgl. Abb. 4.2). Diese kann qualitativ oder quantitativ sein. Es ist selten, dass in Abschlussarbeiten beide Methoden gleich gewichtet sind. Beispiele sind:

- Sie vergleichen die Ergebnisse von qualitativen Interviews und einer quantitativen Befragung (Equal Status).
- Sie evaluieren Daten einer quantitativen Befragung durch qualitative Interviews mit Experten (dominierend quantitativ).
- Sie untermauern die Aussagen von qualitativen Interviews durch eine quantitative Befragung (dominierend qualitativ).

4.2 Forschungsdesign 1: Umfangreiche Literaturanalyse

In einer Literaturanalyse wird vorhandenes Wissen sinnvoll zusammengefasst. Dadurch wird zwar primär kein neues Wissen generiert. Das bereits vorhandene Wissen lässt sich aber auf diese Weise strukturieren, sodass darauf aufgebaut werden kann. Es werden im Kontext der Forschungsfrage ähnliche Ergebnisse und Herangehensweisen beschrieben, zusammengefasst und diskutiert. Das Vorgehen beinhaltet Literatursuche, Reduktion/Sortierung, Literaturauswertung und Verschriftlichung (vgl. Abb. 4.3). Eine Literaturstudie steht in der Regel am Beginn jeder Forschung, wobei auch reine und umfangreiche Literaturstudien möglich sind. Besonders eine solche umfangreiche Literaturstudie war der erste Schritt meiner Doktorarbeit (Lindner und Leyh 2019).

Schritt 1: Literatursuche
Der erste Schritt ist die Literatursuche. Sie suchen in ausgewählten Literaturdatenbanken (z. B. Google Scholar, Springerlink, Emerald Insight, ScienceDirect etc.) nach Literatur. Vor der Suche legen Sie den Suchzeitraum fest (ich empfehle drei bis fünf Jahre) und definieren einen Suchstring, z. B. digi* AND (workplace OR ‚knowledge work‘) für eine Suche zu Literatur zum digitalen Arbeitsplatz. Sollte die Zahl der Ergebnisse zu hoch sein, müssen Sie den Suchstring verändern und spezifischer werden. Durch die sinnvolle Kombination von Schlagwörtern mit AND, OR oder NOT werden Ihnen relevante Suchergebnisse angezeigt. Die Empfehlung ist, die Option ‚Suche in Titel und Abstract‘ zu verwenden. Stellen Sie die Ergebnisse der Suche in diesem Abschnitt zur besseren Visualisierung als Charts da, beispielsweise nach Erscheinungsjahren sortiert, um die Aktualität des Themas zu zeigen (vgl. Abb. 4.4).

Eine weitere Möglichkeit ist eine Forward-Backward-Suche: Sie suchen in ausgewählten Literaturquellen, die in anderen Quellen zitiert werden. Dies

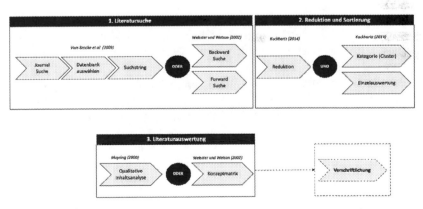

Abb. 4.3 Literaturanalyse und Ablauf anhand von verschiedenen Konzepten. (Quelle: Eigene Darstellung)

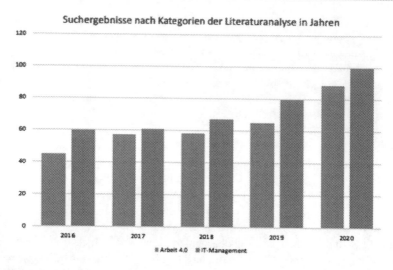

Abb. 4.4 Darstellung von Suchergebnissen zu den Kategorien von Tab. 4.1 nach Jahren.
(Quelle: Eigene Darstellung)

bedeutet, dass Sie sich z. B. Ihre Foundation Paper vornehmen und dort die
zitierten Quellen zurückverfolgen (Backward). Weiterhin suchen Sie Paper, in
denen Ihre Foundation Paper zitiert werden (Forward). Diese Vorgehensweise
wird allerdings sehr selten angewandt.

Schritt 2: Reduktion und Sortierung
Nun schauen Sie sich die Suchergebnisse an und lesen die Titel und eventuell die
Abstracts. Im Zuge der Reduktion werden Suchergebnisse ausgeschieden, die
nichts mit dem Thema zu tun haben. In meinem Beispiel konnten knapp 500 Titel
ausgeschlossen werden. Nach der Reduktion können Sie bei entsprechender
Anzahl (unter 100) die Suchergebnisse direkt auswerten und verschriftlichen.
Sind es noch zu viele, bilden Sie Kategorien (engl. Cluster). Diese können
Sie selbst festlegen und dynamisch während der Auswertung verändern (vgl.
Tab. 4.1). Ordnen Sie jede Literaturquelle einer Kategorie zu. Die Empfehlung
dafür ist eine Excel-Tabelle. Sie können in den genannten Datenbanken in den
meisten Fällen einen Excel-Export durchführen.

▶   Verwenden Sie ein Literaturverwaltungsprogramm, wie Mendeley,
     Endnote oder Citavi, um den Überblick zu behalten.

Tab. 4.1   Kategorisierung von Literatur

Autor	Titel	Jahr	Kategorie
Lindner	KMU im [...]	2019	IT-Management
Lindner et al.	Arbeit 4.0 [...]	2018	Arbeit
Lindner et al.	Digitaler Arbeitsplatz [...]	2017	Arbeit
Lindner und Leyh	IT-Organisation [...]	2019	IT-Management

Schritt 3: Literaturauswertung
Im dritten Schritt sollten Sie die Literatur lesen und auswerten. Zwei Vorgehensweisen mit unterschiedlichen Stärken bieten sich an. Die erste Vorgehensweise ist die qualitative Inhaltsanalyse, die drei Ausprägungen hat (Mayring 2000):

- Durch die strukturierende Inhaltsanalyse werden bestehende Inhalte identifiziert und diese anhand einer festgelegten Vorgehensweise nach Kategorien sortiert. Diese Art eignet sich, wenn Sie ein breites und komplexes Thema bearbeiten.
- Bei der zusammenfassenden Inhaltsanalyse wird das Textmaterial soweit reduziert, dass wesentliche Inhalte erfasst werden und ein überschaubarer Kurztext entsteht. Diese Art eignet sich, wenn Ihr Thema überschaubar und linear zu bearbeiten ist.
- Die explizierende Inhaltsanalyse hat zum Ziel, zusätzliche Informationen (Hintergrundinformationen) zum Forschungsthema zu identifizieren, um einen höheren Verständnisgrad zu erreichen.

Zusammenfassend gesagt, bedeutet das: Lesen Sie alle Texte und fassen Sie die wesentlichen Inhalte zusammen. Sollen Sie eine hohe Anzahl von Studien pro Kategorie haben, können Sie beispielsweise nur die 30 wichtigsten Studien pro Kategorie vorstellen. Die Vorteile sind die kompakte Fundierung und die Untermauerung ihres Forschungsthemas sowie die Zusammenfassung des aktuellen Wissensstandes.

Eine Alternative ist die Konzeptmatrix von Webster und Watson (2002). Diese empfehlen, anhand einer Matrix ein Forschungsgebiet kompakt darzustellen. Durch die Konzeptmatrix wird ein Themengebiet anhand von Kriterien wie Forschungsschwerpunkte oder Forschungsmethoden übersichtlich dargestellt. Oft wird dieses Vorgehen angewendet, um anschließend eine Forschungsagenda abzuleiten oder um einen kompakten Überblick zu schaffen. Eine solche Konzeptmatrix sehen Sie beispielhaft in Tab. 4.2. Daraus ist zu erkennen, dass

Tab. 4.2 Untersuchung der Forschungsmethoden meiner Publikationen

Autor	Gruppendiskussion	Befragung
Lindner et al. 2017	X	X
Lindner et al. 2018	X	
Lindner und Greff 2019	X	X
Lindner und Leyh 2019	X	
Lindner 2019	X	X

in der Mehrzahl der Studien qualitative Gruppendiskussionen durchgeführt worden sind. In einer Forschungsagenda könnte nun empfohlen werden, weitere Forschungsmethoden zu verwenden oder es könnte festgestellt werden, dass die Gruppendiskussion für meinen Kontext sehr gut geeignet ist.

Schritt 4: Verschriftlichung
Unabhängig davon, welche der vier Arten der Inhaltsanalyse Sie wählen: Sie müssen die ausgewählte Literatur anschließend verschriftlichen. Wichtig ist, dass Sie keinen Fließtext verfassen und die Studien vermischen, sondern es sollte pro Absatz eine Studie vorgestellt werden. Für jede Quelle beantworten Sie folgende Fragen: Was war das Ziel/der Kontext des Autors? Wie hat der Autor geforscht? Wie lauten die wichtigsten Ergebnisse in Bezug auf Ihre Forschungsfrage?

Beispiel der Darstellung einer Studie: In der Studie von Lindner und Leyh (2019) werden in einer Gruppendiskussion mit zwölf KMU-Entscheidern aus Deutschland komplexe Projekte wie die Prozessdigitalisierung in KMU untersucht. Die Autoren schlussfolgern, dass eine höhere Autonomie in der Arbeitsausführung und exploratives Vorgehen benötigt werden, was durch agile Methoden gegeben ist, weshalb diese zu größeren Erfolgen führen.

▶ Wenn Sie eine reine Literaturstudie durchführen, sollten Sie mind. 1000 Suchergebnisse analysieren und 50–100 Quellen vorstellen, damit die notwendige Tiefe vorhanden ist. Eine Literaturstudie hat oftmals deutlich mehr Aufwand als ein Mixed-Method-Ansatz. Sollte die Literaturanalyse nicht primär, sondern als Grundlage für weitere Forschungsmethoden wie eine Befragung dienen, können weniger Quellen analysiert werden.

Üblicherweise würden Sie im Anschluss eine weitere Forschungsmethode verwenden und auf dem Wissen aus der Literatur aufbauen. Sie können beispielsweise ein Referenzmodell (vgl. Abschn. 4.6) oder einen Fragebogen entwerfen (vgl. Abschn. 4.3). Bei klassischen Literaturanalysen ist das Ergebnis in der Regel eine Forschungsagenda, die den Bedarf an Forschung im Themenfeld aufzeigt. Hierzu wird die Matrix von Webster und Watson (2002) eingesetzt (vgl. Tab. 4.2). Prüfen Sie in der Matrix Folgendes:

- Viele Kreuze bedeuten, dass schon viel geforscht wird. Es ist entweder ein spannendes Thema und es gibt noch viel Forschungsbedarf oder es ist bereits ausreichend erforscht.
- Keine bis wenig Kreuze: Hier besteht entweder eine Forschungslücke oder das Thema scheint nicht interessant zu sein.

Eine mögliche Gliederung der Literaturanalyse stellt sich wie folgt dar:

- Design: Sie erläutern die Durchführung der Literaturanalyse.
- Literatursuche: Stellen Sie den Suchprozess vor und die Ergebnisse als z. B. Balkencharts
- Literaturreduktion und Sortierung: Sie zeigen die Zuordnung zu den Kategorien auf.
- Literaturauswertung: Stellen Sie die Inhalte der Literatur vor
- Fazit: In diesem Fall können Sie Diskussion und Zusammenfassung im Fazit verbinden.

▷ Weitere wichtige Fragen und Informationen zu Literaturanalysen sind in Abschn. 4.9 zu finden.

4.3 Forschungsdesign 2: Literaturanalyse und Experteninterview

Eine der Methoden, die mir am häufigsten in Abschlussarbeiten begegnet, ist das Experteninterview. Es erweist sich für viele Kontexte als sehr praktisch und erlaubt es, Sachverhalte mithilfe von Experten schnell und einfach zu evaluieren. Im Beispiel wird aktuelle Literatur zum Thema Gehalt bei Fachkräften untersucht, wobei die Faktoren durch ausgewählte Experten evaluiert werden (vgl. Abb. 4.5). Das Vorgehen bei der Literaturanalyse wurde bereits in Abschn. 4.1 erläutert, weshalb darauf nicht näher eingegangen wird. In meiner Forschung wurden ebenfalls viele Experteninterviews und Gruppendiskussionen durchgeführt (Lindner et al. 2018).

Abb. 4.5 Beispiel von Experteninterviews. (Quelle: Eigene Darstellung)

Der Zweck des Interviews ist, einen ausgewählten Experten zu Hypothesen oder Problemstellungen zu befragen. Dieses Verfahren ist meist eher explorativ und es werden offene Fragen gestellt, die im Dialog flexibel erweitert werden können. Das Experteninterview hat, im Gegensatz zur Befragung, seine Stärken in den unstrukturierten und offenen Fragestellungen.

> Ein Experteninterview ist immer ein Dialog zwischen zwei Personen. Es können aber auch Gruppendiskussionen in die Abschlussarbeit aufgenommen werden. Die Empfehlung für den Anfang ist, drei bis vier Teilnehmer mit einer Gesprächszeit von 1 h.

Experten definieren und finden

Experten können Sie in der Regel überall in deutschen Unternehmen finden. Sie sollten in der Arbeit die Rolle der Experten genau definieren. Warum befragen Sie gerade diese Experten und warum sind sie für das jeweilige Thema als Experten zu verstehen? Im vorliegenden Beispiel ist die Definition einfach, da jeder Arbeitnehmer mit einem Studienabschluss in den Fächern Wirtschaft oder Informatik befragt werden könnte. Andernfalls können Sie sich folgende Fragen stellen, um den Experten zu definieren:

- Sollte er ein bestimmtes Alter haben oder einer bestimmten Generation angehören?
- Ist eine bestimmte Berufserfahrung nötig?
- Soll es sich um eine Führungskraft oder um einen Mitarbeiter handeln?
- Soll das Unternehmen dem Mittelstand zuzuordnen sein, ein KMU oder ein Konzern sein?
- Ist die Branche von Bedeutung?
- Sind bestimmte Kompetenzen erforderlich (z. B. Scrum)?

Experten lassen sich auch über soziale Netzwerke wie LinkedIn oder Xing finden. Mithilfe der Premiumsuche kann nach ‚ich biete' gesucht werden und entsprechende Experten können angeschrieben werden. Auch über Gruppen lassen sich Experten finden. Darüber hinaus kann im privaten Umfeld (Eltern, Freunde etc.) nach Experten gefragt werden. Sinnvoll ist es auch, die Autoren von Fachartikeln, die Sie in der Literaturanalyse finden, anzuschreiben und nach einem Interview zu fragen.

Sie können damit rechnen, dass nur knapp 20 % der Experten, die Sie anschreiben, antworten und dem Interview zustimmen werden. Steigern Sie die Quote, indem Sie sehr höflich sind und direkt drei Terminvorschläge machen, was dem Experten die Antwort erleichtert.

Durchführung und Auswertung

Die Durchführung erfolgt am besten persönlich (sofern keine besonderen Sicherheitsmaßnahmen, wie angesichts von COVID-19 gelten), andernfalls über Telefon oder Videotelefonie. Der genaue Inhalt der Fragen ist auf die Beantwortung der Forschungsfrage ausgerichtet. In einer Abschlussarbeit reichen in der Regel fünf bis zehn Fragen und maximal 1 h pro Interview aus. Denken Sie auch an die Datenschutzvereinbarung zu Beginn des Interviews und klären Sie, ob Sie den Namen erwähnen dürfen oder das Interviews anonym aufnehmen.

Generell gilt, je mehr Interviews, umso besser; jedoch sollten Sie mind. fünf Experten befragen bzw. aufhören, sobald zwei Interviewpartner in Folge keine neuen Erkenntnisse mehr liefern. Um die Interviews aufzuzeichnen, eignet sich ein Smartphone oder ein Zoom H1 Rekorder.

▶   Das Sättigungskriterium einer Forschungsmethode ist dann erreicht, wenn nach einer gewissen Menge an Iterationen (z. B. zwei) keine signifikant neuen Erkenntnisse gewonnen werden.

Nach der Durchführung folgt die Auswertung der Interviews. Dazu müssen Sie das Gespräch als Transkript Wort für Wort abtippen. Rechnen Sie mit 4 h Aufwand für das Transkript pro 1 h Interview. Hierbei können Ihnen auch Agenturen helfen. Zudem können Sie mit dem Betreuer abstimmen, ob ein Transkript in Form von Stichpunkten oder kürzeren Sätzen ebenfalls ausreichend ist. Bei der Transkription sollte im Interesse der Lesbarkeit die Sprache geglättet werden. Die Regeln für die Transkription sind laut Kuckartz et al. (2014):

- Laute, wie Husten, Räuspern oder Niesen, werden nicht aufgenommen.
- Laute, wie ‚äh‘ ‚ehm‘ etc., werden sprachlich geglättet.
- Versprecher bei halbfertigen Sätzen werden korrigiert.
- Dialekt wird auf Hochdeutsch übersetzt.

- Längere Pausen werden durch … gekennzeichnet.
- Unternehmen und Namen werden anonymisiert.
- Störungen, wie Handyklingeln etc., werden nicht vermerkt.

Zur Auswertung ordnen Sie die Aussagen der Experten bestimmten selbst-definierten Aspekten zu. Ein Beispiel ist der Einfluss von eigenen Kindern und Inflation auf die Zufriedenheit mit dem Gehalt (vgl. Tab. 4.3). Sie ordnen zur Auswertung als die Aussagen bestimmten Aspekten zu und stellen diese über-sichtlich dar. Dies kann durch Excel oder Software wie MAXQDA durchgeführt werden. Die Software lohnt sich meiner Ansicht nach ab zehn Interviews. Vorher ist die Automatisierung eher eine Last als eine Hilfe.

Am Ende verschriftlichen Sie die Ergebnisse. Die übliche Gliederung bei Experteninterviews ist folgende:

- Design/Vorgehen: Sie erläutern die Durchführung der Forschungsmethode.
- Teilnehmer: Sie stellen die Teilnehmer der Interviews (oder der Befragung/ Fallstudie) vor.
- Ergebnisse: Sie zeigen die Ergebnisse neutral auf (Aussagen der Experten zu den Aspekten).
- Diskussion: Sie diskutieren die Ergebnisse.
- Zusammenfassung: Sie fassen die wichtigsten Punkte zusammen.

▷ Seien Sie sich des Unterschieds zwischen Ergebnissen und Dis-kussion bewusst und halten Sie sich an die Trennung. In den Ergeb-nissen zeigen Sie ohne Interpretation die Aussagen der Experten zu den Aspekten. Erst in der Diskussion interpretieren Sie die Ergebnisse. Sie können dies am Beispiel eines Bildes besser verstehen. In den

Tab. 4.3 Auswertung von Experteninterviews am Beispiel

Aspekt	Aussagen
Einfluss von Kindern auf Gehaltszufriedenheit	„Ich merke, dass Angestellte mit Kindern knapp 500 EUR mehr fordern pro Monat." (Experte 2) „Nach der Geburt meines Kindes hat mein Gehalt nicht mehr gereicht." (Experte 4)
Einfluss der Inflation auf Gehaltszufriedenheit	„Wunsch auf Inflationsausgleich ist sozusagen Standard." (Experte 1) „Inflationsausgleich wird bei uns nicht diskutiert und genehmigt." (Experte 3)

Ergebnissen beschreiben Sie, was Sie auf dem Bild sehen, z. B. einen Baum und ein Haus. In der Diskussion interpretieren Sie verschiedene Aspekte, wie den Zusammenhang von Haus und Baum.

4.4   Forschungsdesign 3: Literaturanalyse und Befragung

Neben dem Experteninterview ist die Befragung die am häufigsten eingesetzte Methode, die in Abschlussarbeiten vorkommt. Die schnelle und einfache Erhebung von Daten ist für viele Kontexte geeignet. Im vorliegenden Beispiel werden die IT-Arbeitsplätze von Unternehmen betrachtet. Hierzu wird im ersten Schritt die aktuelle Literatur untersucht, wonach aus den Erkenntnissen ein Fragebogen konzipiert wird. Dabei wird die aktuelle Ausstattung hinsichtlich Hard- und Software am Arbeitsplatz von Unternehmen generell erhoben (vgl. Abb. 4.6). Diese Daten sollen anschließend mithilfe einer Signifikanzanalyse für bestimmte Branche ausgewertet werden. Ziel ist also, zu erfahren, ob sich die IT-Ausstattungen abhängig von der Branche unterscheidet. Die Literaturanalyse wurde in Abschn. 4.1 bereits erläutert und wird hier nicht näher ausgeführt. Befragungen machen einen großen Teil der Forschung in meiner Doktorarbeit aus (Lindner und Greff 2018).

Der Vorteil einer Befragung ist, dass schnell eine große Zahl an Teilnehmern erreicht werden kann. Die Links zum Fragebogen können gezielt an bereits bekannte Teilnehmer und über Empfehlungen in deren Netzwerken verteilt werden. Jede Umfrage hat eine bestimmte Zielgruppe, die Sie definieren sollten. Die Eingrenzung kann wie in Abschn. 4.3 erläutert vorgenommen werden.

Fragenbogendesign
Im Unterschied zu direkten Methoden, wie bei Telefoninterviews, sind das Layout sowie die Gestaltung des Fragebogens von besonderer Bedeutung, da

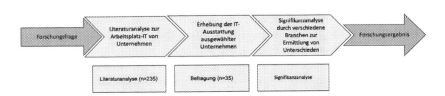

Abb. 4.6 Beispiel für eine Befragung. (Quelle: Eigene Darstellung)

Sie während des Ausfüllens keine Erklärungen geben können. Der genaue Inhalt der Fragen ist auf die Beantwortung Ihrer Forschungsfrage ausgerichtet. Für die Auswertung entscheidend ist, dass Sie (zuvor) Variablen definieren. Leiten Sie pro Frage eine Variable (Messgröße) ab. Dies kann z. B. Umsatz der Befragten, die Teamgröße, die bevorzugte agile Methode, die Unternehmensart sein. Zu beachten ist: jede Frage erzeugt eine Variable. Auf der Grundlage der Variablen können Sie anschließend Hypothesen bestätigen oder ablehnen. Im vorliegenden Beispiel ist, vor allem für die Signifikanzanalyse, die Branche eine wichtige Variable.

Falls Sie im Vorfeld ihrer Arbeit schon Hypothesen aufgestellt haben, sollten die Fragen entsprechend angepasst werden. Falls nicht, können Sie Hypothesen aus Ihrer Befragung ableiten, z. B. ‚Ab einer Teamgröße von 12 Personen bevorzugen die befragten Manager Kanban' oder ‚Manager aus KMU bevorzugen Kanban und Konzerne eher Scrum'. Dabei richtet sich die Formulierung nach dem gewählten Auswertungsverfahren.

Teilen Sie die Onlinefragebögen in kleine, thematisch getrennte Blöcke auf und zeigen Sie nicht zu viele Fragen auf einer Seite. Freitextfelder sind weniger geeignet, da diese selten ausgefüllt werden und schwer auszuwerten sind. Besser sind Drop-down-Menüs, Listen, Checkboxen, Radiobuttons etc. Die Herausforderung besteht darin, die Konzentration der Teilnehmer aufrechtzuerhalten und eine Informationsüberflutung durch zu viele Fragen zu vermeiden. Die Empfehlung ist zwischen 5 und 15 min Beantwortungsdauer und ca. 15 Fragen. Andernfalls besteht die Gefahr, dass der Fragebogen nur halbherzig ausgefüllt oder die Beantwortung abgebrochen wird.

▶   Sie können nicht in die Befragung eingreifen, um eventuelle Missverständnisse bei den Fragen klären. Testen Sie einen Fragebogen also immer erst mit drei Probanden, bevor Sie diesen verteilen. Schauen Sie den Probanden beim Ausfüllen über die Schulter.

Verteilung des Fragebogens
Es gibt zwei Typen der Befragung: online und offline. Sie können die Umfrage ausdrucken und offline durchführen oder online einen Link verteilen. Der Vorteil von Offlinebefragungen besteht darin, dass Sie Teilnehmer erreichen, die online vielleicht nicht erreichbar sind, und dass Sie die Verteilung sehr genau nachverfolgen können. Ziel einer Studie meiner Doktorarbeit war es beispielsweise die exakt gleichen Unternehmen zu befragen, die in der Vorstunde bereits 2016 untersucht worden sind. Daher wurden die ausgedruckten Fragebögen gezielt an diese Personen verteilt. Die Verteilung erfolgt in diesem Fall über Papierfragebögen.

Bei der Onlineumfrage erreichen Sie dagegen sehr schnell eine hohe Masse an Teilnehmern und können auf automatischem Wege schneller auswerten. Software wie LimeSurvey und UniPar sind gut ausgestattet und werden häufig vom Lehrstuhl bereitgestellt. Bei der Onlinebefragung können Sie die Teilnehmer jedoch kaum kontrollieren. Sie sollten daher eine aussagekräftige Eingangsfrage formulieren: So wurde bei meiner Umfrage zu Führungskräften zunächst gefragt, wie viele Mitarbeiter der Befragte aktuell führt. Bei der Antwort: ‚keine Führung', wurde der Fragebogen abgebrochen, damit keine Teilnehmer außerhalb der Zielgruppe befragt wurden.

Anschließend verteilen Sie den Link über E-Mail und die sozialen Netzwerke. Nun brauchen Sie Geduld, denn in der Regel reagieren nur 2–5 % der Nutzer in Social Media auf eine solche Umfrage. Sie sollten also versuchen, die Reichweite möglichst zu vergrößern, und müssen zahlreiche Experten auf Xing und LinkedIn anschreiben.

▷ Sie sollten mind. 30 Experten befragen. Generell können sie auch die Ergebnisse beobachten: Verändern sich nach fünf Gesprächen die Ergebnisse nur geringfügig, dann können Sie von einer Sättigung des Wissens ausgehen und die Befragung beenden.

Auswertung der Befragung

Die Daten werden für die Auswertung aus der Fragebogensoftware exportiert. Sortieren Sie die unvollständig ausgefüllten Fragebögen aus. Sie können die Auswertung per Excel oder mit der Software SPSS durchführen. Die Software lohnt sich meiner Meinung nach erst bei eher komplexen Auswertungen (z. B. Signifikanzanalyse). Laut meiner Erfahrung bietet es sich an, bei einfachen Auswertungen Excel zu nutzen, da hier in der Regel keine Einarbeitung in die Software notwendig ist.

In Tab. 4.4 sind mögliche Verfahren der Auswertung aufgeführt. Dazu gibt es weitere Methoden wie die Differenzanalyse, die Con-Joint-Analyse und die Diskriminanzanalyse. In diesem Essential wird sich auf die genannten und häufig genutzten Methoden beschränkt. Dabei werden im Rahmen des Essentials nur die Anwendungsfälle der Methoden erklärt. Sollten Sie eine dieser Methoden einsetzen wollen, sollten Sie sich anhand weiterer Referenzen in das mathematische Vorgehen einlesen.

Die erste Methode ist die **einfache Darstellung** von Daten in Form von Diagrammen. Diese können anschließend interpretiert werden. Oft ist dies der erste Schritt, den Sie durchführen, wobei die Diagramme auch direkt aus dem Umfragetool exportiert werden können.

Tab. 4.4 Auswertungsverfahren für eine Befragung

Methode	Erklärung	Beispiel
Statische Auswertung	Einfache Auswertung	Einfache Darstellung der Daten
Signifikanzanalyse	Abweichungen von Variablen	Wie investieren im KMU und Vergleich zu Konzernen?
Korrelationsanalyse	Zusammenhang von Variablen	Wie ist der aktuelle Zusammenhang zwischen Mitarbeiterzufriedenheit und Homeoffice?
Regressionsanalyse	Abhängigkeiten von Variablen	Wie stark ist der Einfluss des Marketingbudget auf die Verkaufszahlen unseres Onlineshops?
Clusteranalyse	Gruppierungen aus den Variablen ableiten	Welche Generationen gründen bevorzugt Startups?

Anhand der **Signifikanzanalyse** wird untersucht, inwieweit eine Hypothese von der Nullhypothese abweicht. Eine Nullhypothese stellt in der Regel den Standard dar und wird in Bezug zu Alternativhypothesen (Forschungshypothesen der Abschlussarbeit) untersucht. Sie können beispielsweise prüfen, ob zwei Personengruppen unterschiedlich antworten, z. B. Männer (Alternativhypothese) und Frauen (Nullhypothese).

Mit der **Korrelationsanalyse** wird der Zusammenhang zwischen zwei Variablen untersucht. So prüfen Sie beispielsweise, ob die Mitarbeiterzufriedenheit und die Anzahl der Tage im Homeoffice zusammenhängen: Steigt oder sinkt dieser Faktor mit mehr Homeoffice-Tagen?

Mit der **Regressionsanalyse** können Abhängigkeiten von Variablen untersucht werden. Ein Anwendungsfall ist auch die Voraussage von Ereignissen und baut damit auf der Korrelation auf. Beispielsweise möchten Sie wissen, wie das Marketingbudget mit den Verkaufszahlen eines Onlineshops zusammenhängen und ab welcher Summe Sie voraussichtlich 100.000 EUR Umsatz erzielen.

Anhand der **Clusteranalyse** können Ähnlichkeiten in großen Gruppen betrachtet werden. Ein Beispiel sind Kundengruppenanalysen. Damit kann z. B. ein Marketingverantwortlicher erkennen, welche Kundengruppen in seinem Onlineshop einkaufen.

▶ Mit Software (wie SPSS) können die genannten Analysen automatisch durchgeführt werden, wobei Sie auch die mathematischen Formeln in Excel anwenden können.

Am Ende verschriftlichen Sie die Ergebnisse. Die Empfehlung ist folgende Gliederung:

- Design/Vorgehen: Sie erläutern die Durchführung der Forschungsmethode Befragung.
- Teilnehmer: Sie stellen die Teilnehmer der Interviews (oder der Befragung/Fallstudie) vor.
- Ergebnisse: Sie zeigen die Ergebnisse neutral in statischer Form.
- Zwischenfazit: Sie diskutieren die Ergebnisse.
- Design der Signifikanzanalyse: Sie erläutern die Signifikanzanalyse oder die Methode, die Sie verwenden.
- Ergebnisse: Sie zeigen die Ergebnisse der Signifikanzanalyse.
- Diskussion: Sie diskutieren die Ergebnisse.
- Zusammenfassung: Sie fassen die wichtigsten Punkte zusammen.

4.5 Forschungsdesign 4: Literaturanalyse und Fallstudie

Anhand des folgenden Beispiels wird die Methodik der Fallstudie erläutert: Auf Basis von aktueller Literatur und einiger Experteninterviews wurde eine spezifische Situation eines Unternehmens, in diesem Fall die Umsetzung einer digitalen HR-Strategie, untersucht. Die Ergebnisse wurden in einer Fallstudie festgehalten (vgl. Abb. 4.7). Auf das Vorgehen bei der Literaturanalyse wird hier nicht weiter eingegangen (vgl. Abschn. 4.1). Eine Fallstudie dieser Art wurde in meiner Masterarbeit durchgeführt (Lindner 2016).

Vor- und Nachteile der Fallstudie
Die Fallstudie ist ein Ansatz, um bestimmte Abläufe und Gegebenheiten innerhalb einer Organisation oder eines Sachverhalts abzubilden. Sie hat damit

Abb. 4.7 Beispiel für eine Fallstudie. (Quelle: Eigene Darstellung)

das Ziel, die Erkenntnisse aus der Theorie durch diejenigen aus der Praxis zu ergänzen. Sie beobachten ein Unternehmen in einem bestimmten Kontext über einen längeren Zeitraum, z. B. über zwei Monate.

Die Stärke von Fallstudien liegt in der Tatsache, dass komplexe Prozesse und Vorgehensweisen innerhalb eines Unternehmens anschaulich dargestellt und als Beispiele herangezogen werden können. Als Kritikpunkt an der Fallstudie wird oft genannt, dass generelle Ableitungen des Einzelfalls auf die Gesamtheit nicht immer oder nur unter bestimmten Einschränkungen möglich sind. Für diesem Fall könnten sogenannte Multifallstudien durchgeführt werden. Das bedeutet, dass Sie den konkreten Sachverhalt in mehreren Unternehmen als Fallstudie abbilden und diese vergleichen. Dies ist zumeist allerdings zu aufwendig für eine Abschlussarbeit.

Datenerhebung und Auswertung
Die Erhebung der Daten wird meist durch die direkte Anwesenheit, die Befragung von Unternehmensexperten oder eine Beobachtung durchgeführt. Falls das Projekt schon abgeschlossen ist, können Sie anhand von zwei bis fünf Interviews den Ablauf des Projekts nachverfolgen. Sollte das Projekt noch aktiv sein und Sie die Genehmigung erhalten, dem Projekt beizuwohnen, dann führen Sie Beobachtungen durch. Die Notizen der Beobachtungen werden im Anhang Ihrer Arbeit aufgeführt.

Nun verschriftlichen Sie die Fallstudie nach einem sinnvollen Schema, z. B. chronologisch, und berücksichtigen die Details anhand der üblichen W-Fragen oder eigener Kriterien, z. B.:

- Ereignis: Wann und wo findet die Fallstudie statt und wie und warum wurde das Projekt gestartet? (z. B. Projekt mit Scrum aufgrund eines neuen Kunden)
- Person: Welche Personen und Rollen gab es in der Fallstudie und welche Relevanz haben diese? (z. B. Scrum Master, Product Owner etc.)
- Ort: Welche Eigenschaften hat dieser Ort und ist dieser relevant für die Fallstudie? (z. B. New Work Office oder Open Space)
- Phänomen: Gibt es in der Fallstudie Ursache-Wirkungs-Beziehungen? (z. B. Einführung eines Daily führte zu besserer Kommunikation im Projekt)

Weiterhin empfehle ich, Abbildungen vorzusehen sowie in jedem Fall einen Zeitplan für die Fallstudie zu erstellen. Ein Zeitstrahl oder auch Bilder aus dem Alltag während der Fallstudie, z. B. von der Büroeinrichtung oder relevanten Maschinen (soweit möglich), helfen bei der Visualisierung. Dazu benötigen Sie allerdings die Genehmigung Ihres Praxispartners (schriftlich). Häufig wollen Unternehmen sensible Daten nicht preisgeben und die Arbeit wird danach mit einem Sperrvermerk versehen. Ihre Abschlussarbeit darf dann nicht veröffentlicht und nur vom Praxispartner, Ihnen und den Betreuern eingesehen werden.

Nach der Verschriftlichung sollten Sie aus der Fallstudie Ergebnisse ableiten und diese sachlich diskutieren. Geeignete Diskussionsfragen sind: Welche Ansätze für das Thema wurden in der Literatur gefunden und wie wurden diese verwendet? Welche Best-Practices oder Empfehlungen lassen sich aus der Fallstudie ableiten? Eine Gliederung der Fallstudie könnte wie folgt aussehen:

- Design: Sie erläutern die Durchführung der Fallstudie und der Datenerhebung (z. B. Interviews).
- Ergebnisse: Sie beschreiben die Fallstudie.
- Diskussion: Sie diskutieren die Fallstudie.
- Zusammenfassung: Sie fassen die wichtigsten Punkte zusammen.

4.6   Forschungsdesign 5: Literaturanalyse und Referenzmodellierung

In diesem Beispiel soll die Referenzmodellierung näher erläutert werden. Im Beispiel (Abb. 4.8) wird mit einer Literaturanalyse begonnen, die die Grundlagen für das Referenzmodell liefert. Dabei wird nach ähnlichen Modellen und Handlungsempfehlungen in der Literatur gesucht, die hilfreich sind. Anschließend wird ein Referenzmodell konzipiert und dessen Anwendbarkeit anhand offener Experteninterviews überprüft. Das Referenzmodell wird präsentiert, um Feedback zu erhalten und es verbessern zu können. Das Vorgehen bei der Literaturanalyse wurde in Abschn. 4.1 erläutert und wird daher hier nicht vertieft. Eine solches Referenzmodell wurde in meiner Doktorarbeit erstellt (Lindner und Amberg 2016).

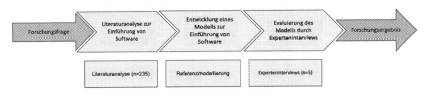

Abb. 4.8 Beispiel für eine Referenzmodellierung. (Quelle: Eigene Darstellung)

Ableitung des Referenzmodells

Ein Referenzmodell ist eine vereinfachte Abbildung der Realität, in der komplexe Sachverhalte einfach dargestellt werden. In der Regel werden diese Informationen aus der aktuellen Literatur und aus Handlungsempfehlungen von Experten abgeleitet. Dies erfolgt anhand folgender Schritte:

- Problem: Worin besteht das Problem?
- Was: Konstruktion des Modellrahmens (Rahmenbedingungen)
- Wie: Wie kann das Problem gelöst werden? (Handlungsempfehlungen)
- Referenzmodell: Visualisierung des Modells (Grafik, Checkliste)

Durch Referenzmodelle können ein guter Abschluss sowie die Visualisierung der Ergebnisse einer Abschlussarbeit gewährleistet werden. Sie dienen zur Orientierung und sind nicht auf jedem Bereich übertragbar, weshalb sie immer zu limitieren sind. Die Gliederung des Referenzmodells kann wie folgt aussehen:

- Konzeption: Sie erläutern die Durchführung der Ableitung des Modells.
- Referenzmodell: Sie erklären das Modell.
- Diskussion: Sie diskutieren das Modell.
- Zusammenfassung: Sie fassen die wichtigsten Punkte zusammen.

▷   Referenzmodelle sind als Empfehlung zu betrachten und müssen nicht immer auch in anderen Unternehmen gültig sein. Sie sind daher eher als Orientierung zu sehen oder gelten für einen spezifischen Einzelfall, wie es bei Ihrer Abschlussarbeit der Fall ist.

4.7   Forschungsdesign 6: Grounded Theory

Die Grounded Theory ist ein Ansatz zur systematischen Sammlung und Auswertung vor allem qualitativer Daten. Beispiele sind Interviewtranskripte und Literaturquellen. Das Ziel ist die Theoriebildung oder die Erkundung eines unbekannten Sachverhalts. Es handelt sich meiner Ansicht nach nicht um eine eigenständige Methode, sondern um eine Reihe ineinandergreifender Verfahren. In meiner Zeit wurden bisher einige Masterarbeiten betreut, in denen diese Methodik eingesetzt wurde und es soll aus diesem Erfahrungen berichtet werden.

▶   Die Grounded Theory setzt eine hohe Erfahrung und eine ent-
     sprechende Eigenleistung des Forschers voraus und sollte eher mit
     Vorkenntnissen, z. B. im Master, angewandt werden.

Besonders bei neuen und eher unbekannten Themen, zu denen Sie keine
geeignete Literatur finden, ist die Grounded Theory geeignet, da der Forscher
sozusagen selbst Wissen erzeugt. Abb. 4.9 zeigt den Regelkreis der Grounded
Theory anhand von Experteninterviews. Die Datensammlung, die Analyse und
die entstehende Theorie sind in einem Kreislauf angeordnet, der im Rahmen eines
Forschungsprozesses mehrfach durchlaufen wird.

Vorgehen nach der Grounded Theory
Konkret heißt es, dass Sie Probanden aussuchen, diese befragen und Interviews
auswerten. Nach der Iteration planen Sie das weitere Vorgehen und erstellen
weitere Interviewbögen. Die Iterationen setzen Sie solange fort, bis sie kein neues
Wissen mehr generieren oder der Betreuer zufrieden ist. Klären Sie mit dem
Betreuer vorher, wie viele Iterationen Sie durchlaufen wollen und wo ungefähr
der Fokus jeder Iteration liegt.
     Die Interviews werten Sie am Ende jeder Iteration aus. Die Empfehlung ist das
offene Kodieren. Beim offenen Kodieren sind sie recht frei und ordnen Aussagen

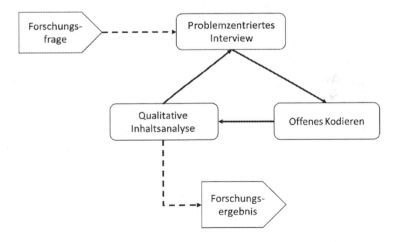

Abb. 4.9 Grounded Theory als Forschungsprozess. (Quelle: Eigene Darstellung)

bestimmten Kategorien oder Aspekten zu, die Sie vorher definiert haben. Dies erfordert eine hohe Eigenleistung und ist das Schwierigste bei der Anwendung der Grounded Theory. Alternativen sind das selektive und axiale Kodieren.

Beispiel für die Anwendung der Grounded Theory
Ich betreute eine Masterarbeit zum Thema BiModale IT, für die zu diesem Zeitpunkt außer dem Paper von Gartner keine relevante Literatur vorlag. Im ersten Schritt wurden fünf Interviews bei einem großen Konzern (Praxispartner) durchgeführt. Das Ziel war, folgende Frage zu beantworten: Was verstehen Fachkräfte unter BiModaler IT? In der zweiten Iteration wurden anhand von weiteren fünf Interviews Anwendungsfälle für BiModale IT im Konzern identifiziert und in der dritten Iteration wurden Zusammenhänge zwischen der BiModalen IT und Digitalisierungsprojekten im Konzern diskutiert. Anschließend wurden die Iterationen beendet und die Masterarbeit verschriftlicht. Eine Gliederung nach der Grounded Theory kann sich wie folgt darstellen, wobei alternativ auch die einzelnen Iterationen betrachtet werden können. Dazu reproduzieren Sie die Gliederung einfach für jede Iteration.

- Design: Sie erläutern die Durchführung der Anwendung der Grounded Theory und der Datenerhebung (z. B. Interviews).
- Ergebnisse: Die Ergebnisse unterteilen Sie nach den einzelnen Iterationen.
- Diskussion: Sie diskutieren nun jede Iteration.
- Zusammenfassung: Sie fassen die wichtigsten Punkte zusammen.

4.8   Forschungsdesign 7: Design Science und Aktionsforschung

Die Design Science ist ein problemlösungsorientierter Ansatz und hat ihren Ursprung in der Ingenieurswissenschaft. Untersucht werden die Erstellung von Prototypen oder Ideen und deren Einfluss auf die Effizienz von Prozessen oder Organisationen. Ziel der Design Science ist es also, Artefakte zu kreieren und diese zu evaluieren. In der Wirtschaftsinformatik wird das Verfahren in der Regel dazu verwendet, einen Softwareprototypen zu entwickeln. Sollten Sie Software programmieren, kann das ein geeigneter Ansatz sein.

Vorgehen nach der Design Science
Design Science besteht aus zwei Prozessen: ,Build' (Erzeugen) und ,Evaluate' (Evaluieren). Die Idee dahinter ist, dass das Design, also die Erstellung der

Software, ein Suchprozess ist, wobei sich die Forschung auf diesen Prozess der Erstellung konzentriert. Im vorliegenden Beispiel soll eine Software zur Messung von Serviceinnovationen entwickelt werden, was in meiner Bachelorarbeit durchgeführt wurde (vgl. Abb. 4.10). Die Design Science kann übrigens eine kleine Literaturanalyse im Vorfeld beinhalten, falls nötig. Im Rahmen dieser Forschung wird eine Software entwickelt, durch die Serviceinnovationen gemessen werden können (interaktiver Fragebogen). Die Inhalte des Fragebogens wurden durch den Betreuer vorgegeben. In dieser Forschung wird die Software entwickelt und in drei Iterationen mit Experten aus dem Bereich Innovation Management getestet. Anschließend wird der Prototyp verbessert und der Vorgang wiederholt. Vor der Durchführung der Design Science sollten Sie ein Systemkonzept und die Testumgebung planen.

Vor- und Nachteile
Der Vorteil liegt in der schnellen Entwicklung eines Prototyps und der Nähe zur Praxis. Kritik gibt es in Bezug auf die ‚Hands-on'-Mentalität dieses wissenschaftlich wenig definierten, eher praktischen Ansatzes. Manche Forscher lehnen die Methodik aus diesem Grund ab. Eine Alternative ist die etablierte Aktionsforschung. Diese Methode verfolgt ebenfalls das Ziel, Probleme durch Analyse, Aktion, Evaluierung und Anpassung in verschiedenen Iterationen zu lösen. Die Aktionsforschung wird nach meiner Erfahrung in jüngster Zeit besonders für die Prüfung von Theorien in der Praxis angewendet, allerdings kann sie auch zur Entwicklung eines Prototyps eingesetzt werden. Eine Gliederung ist in der Regel wie folgt aufgebaut:

• Design: Sie erläutern die Durchführung der Design Science.
• Vorbereitung: Testsysteme und Systemplanung
• Design Process: Sie beschreiben, wie Sie den Prototyp entwickelt haben.

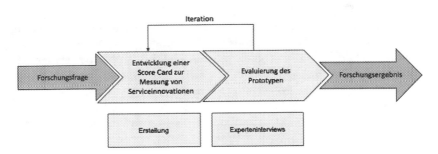

Abb. 4.10 Beispiel für Design Science. (Quelle: Eigene Darstellung)

- Design Evalution: Sie beschreiben die Experteninterviews bzw. die Evaluation.
- Diskussion: Sie diskutieren nun jede Iteration.
- Zusammenfassung: Sie fassen die wichtigsten Punkte zusammen.

4.9   Exkurs: Weiterführende Fragen zur Literaturanalyse

Es aufgefallen, dass vor allem die Literaturanalyse in der Abschlussarbeit für viele offene Fragen sorgt. Daher sollen in diesem Abschnitt drei möglicherweise problematische Aspekte der Literaturanalyse näher betrachten werden. Es geht um die Verwendung von Praxisliteratur, den Unterschied zum Grundlagenteil und das Problem, wenn keine Literatur gefunden wird.

Was ist akademisch und darf Praxisliteratur verwendet werden?
Der Betreuer wird Ihnen meist mitgeteilt haben, dass Sie akademische Literatur verwenden sollen. Doch was ist akademisch? Eine Antwort gibt der VHB-JOURQUAL3, ein Ranking von betriebswirtschaftlich relevanten Zeitschriften. Aktuell werden dort für die Fächer BWL und Wirtschaftsinformatik aufgeführt:

- 22 herausragende und weltweit führende wissenschaftliche Zeitschriften (A+=3,4 %)
- 72 führende wissenschaftliche Zeitschriften (A=11,1 %),
- 217 wichtige und angesehene wissenschaftliche Zeitschriften (B=33,3 %),
- 273 anerkannte wissenschaftliche Zeitschriften (C=41,9 %)
- 59 wissenschaftliche Zeitschriften (D=9,1 %)

Artikel in diesen Zeitschriften gelten als akademisch und unterliegen einen Reviewprozess. Bei meinen Publikationen hat es zuweilen über ein Jahr gedauert, bis dieser durchlaufen war, was für die hohen Ansprüche der Zeitschriften spricht.

Doch sollten Sie nur diese Zeitschriften verwenden? Was ist mit einem guten Fachbuch? Die Verwendung von Praxisliteratur stellt in meinen Augen kein Problem dar. Auch praktische Quellen können eine hohe Relevanz aufweisen. Dennoch sollten Sie diese Quellen mit einer gewissen Vorsicht und mit der entsprechenden Kennzeichnung verwenden. Die Empfehlung ist, im Text ausdrücklich darauf hinzuweisen, etwa so:

- Akademische Quelle: In einer Studie des Bundesverbands der deutschen Luft-
  und Raumfahrtindustrie (2019) wurde erhoben, dass derzeit rund eine halbe
  Millionen Drohnen im kommerziellen Einsatz sind.
- Praktische Quelle: Ein konkretes Beispiel ist DHL: Das Unternehmen
  bestätigt laut einem Artikel in einer Fachzeitschrift, dass in Feldversuchen seit
  2014 die Auslieferung von Paketen mit Drohnen erfolgt (T3N 2018).

Eine letzte Empfehlung gibt zur Zitation. Die Standards um APA oder Harvard
sind bereits überall definiert. Es wird im Folgenden auf zwei Sonderfälle eingegangen. Oftmals wollen Sie Internetquellen oder Whitepaper zitieren. Eine
Internetquelle können Sie ohne Probleme mit URL zitieren und dem Kürzel versehen: 15.5.2020.

- *Lindner, D. (2020) Agile Unternehmen.* https://agile-unternehmen.de. *Gesehen
  am 15.5.2020.*

Oftmals finden Sie allerdings keinen Autor oder sogar keine Jahreszahl auf Webseiten. Suchen Sie zuerst einen Autor im Impressum der Website oder nehmen Sie
die Organisation, welche hinter der Website steht wie z. B. Agile Unternehmen statt
Lindner. Sollten Sie kein Datum finden, nehmen Sie meist das aktuelle Jahr bei
Webseiten. Sollten Sie eine Quelle unbedingt verwenden wollen, aber keinen Autor
finden, dann können Sie diesen auch weglassen. Versuchen Sie solche Fälle zu vermeiden und diese Möglichkeit nur bei einer wirklich guten Quelle zu verwenden.

- Ohne Jahr: Lindner,D. (o. J.) *Agile Unternehmen.* https://agile-unternehmen.
  de. *Gesehen am 15.5.2020*
- *Ohne Autor: o. A. (2020) Agile Unternehmen.* https://agile-unternehmen.de.
  Gesehen am 15.5.2020.

▷   Es gibt die deutsche WI-Forschung (Wirtschaftsinformatik), welche
     erläutert worden ist. Die US-amerikanische IS-Research (Information
     Systems) ist eine weitere Community, welche ebenfalls ein eigenes
     Ranking hat. Konzentriert wurde sich auf die deutsche WI.

Unterschied Grundlagenteil und Literaturanalyse
Die Grundlagen bilden auch inhaltlich die Basis der Abschlussarbeit, da dort die
wichtigsten Begriffe unabhängig von der Forschungsfrage erklärt werden. Sie
sollten überlegen, welche Begriffe und Methoden Sie definieren müssen, damit

der Leser Ihrer weiteren Darstellung folgen kann. Die Empfehlung ist, dabei die Begriffe aus dem Titel und der Forschungsfrage zu berücksichtigen. Beispielsweise sollten bei ‚Auswirkungen der Digitalisierung auf KMU mit Fokus auf wissensintensiven Dienstleistungen' die Begriffe Digitalisierung, KMU und Wissensarbeit definiert werden. Zudem können Sie oft verwendete Begriffe in der Arbeit, hier z. B. Scrum, aufnehmen. Darüber hinaus sollten Sie alle verwendeten Forschungsmethoden definieren (Erklärung, Vor- und Nachteile). Dabei hilft Ihnen dieses Essential.

> ▶ Ziel ist, dass Sie dem Leser eine Basis geben, dass er Ihre Arbeit verstehen kann. Sie müssen keine Literaturanalyse durchführen, sondern die Begriffe und Forschungsmethoden wie in einem Lexikon allgemeingültig erklären.

Sie können sich den Aufbau eines Grundlagenteils wie eine Wikipedia-Seite bzw. ein Lexikon vorstellen. Sie führen also keine formale Literaturanalyse durch und beziehen sich auch nicht direkt auf die Forschungsfrage. Die Empfehlung ist, ein bis zwei Seiten pro Begriff und zwei bis drei Seiten pro Forschungsmethode vorzusehen. Zeigen Sie in den Grundlagen, was der Begriff in verschiedenen Kontexten bedeutet und schließen Sie mit konkreten Aussagen wie: ‚In dieser Arbeit wird der Begriff als XY verstanden' bzw. ‚Es gibt zahlreiche Wege, eine Literaturanalyse durchzuführen. In dieser Arbeit wird die Methodik von XY (Jahr) bevorzugt'.

Ich finde keine Literatur
Sie haben meine Angaben befolgt und finden trotzdem keine Literatur? Dann ist die Empfehlung zuerst, in Anbetracht der Zeit und der Gefahr, dass Sie sich in Komplexität verlieren, Ihr Thema zu überdenken und eventuell gemeinsam mit dem Betreuer etwas zu verändern. Mögliche Gründe sind:

- Ihr Thema ist zu neu und es gibt noch keine Literatur.
- Ihr Thema ist zu speziell und sollte breiter betrachtet werden.
- Ihr Thema ist in der Wissenschaft nicht relevant, sondern ein reines Praxisthema.
- Sie schreiben für einen Praxispartner und das Thema ist unternehmensspezifisch.
- Ihr Thema wird in Ihren Kontext nicht untersucht.

▶   Versuchen Sie es zu vermeiden ein Thema zu bearbeiten, wenn
    es keine Literatur gibt und Sie der Meinung sind, dass es eine
    Forschungslücke gibt. Sowas ist eher erfahrenen Forschern vor-
    behalten. Versuchen Sie in Ihrer ersten Forschungsarbeit in
    bekannten Gewässern zu fischen und gerne in der anschließenden
    Doktorarbeit zu neuen Ufern aufzubrechen.

Sollte Sie selbst das Gespräch mit dem Betreuer nicht weiterbringen, gibt es noch
zwei Ratschläge, die ihnen weiterhelfen könnten: Die erste Empfehlung ist, um
die Ecke zu denken. Damit ist beispielsweise gemeint:

- Neuer Kontext: Ist eventuell der Kontext falsch und wird bspw. Agilität in der
  Finanzbranche nicht untersucht, dafür aber in der Produktion?
- Übertragung aus anderen Bereichen: Sie untersuchen Agilität in Vereinen.
  Welche Ergebnisse aus der Untersuchung der Agilität von Unternehmen sind
  übertragbar auf Vereine?
- Allgemeine Erkenntnisse übertragen: Sie untersuchen Agilität in der Auto-
  mobilbranche, finden aber nur allgemeine Literatur. Dann überprüfen Sie die
  Übertragbarkeit der Ergebnisse auf die Branche.
- Verwandte Ergebnisse: Sie wollen Kennzahlenmodelle für Versicherungen
  entwickeln. Allerdings gibt es in der Literatur keine Beispiel dafür. Versuchen
  Sie, bestehende Kennzahlenmodelle aus völlig anderen Bereichen auf ihre
  Übertragbarkeit zu überprüfen und ggf. anzupassen.

Sollten Ihnen die erste Empfehlung nicht helfen und wollen Sie das Thema
unbedingt bearbeiten, dann können Sie eine Grounded Theory durchführen
(vgl. Abschn. 4.6). Sie bearbeiten das Thema damit ohne Literatur und erzeugen
ihre eigenen Daten.

4.10   Fazit

Sie werden festgestellt haben, dass Sie sich bei der Abschlussarbeit an eindeutig
definierten Forschungsdesigns orientieren können. Die Empfehlung ist, die
Grounded Theory oder die umfangreiche Literaturanalyse nur anzuwenden, wenn
Sie dies unbedingt wollen oder es sich nicht vermeiden lässt, da die Umsetzung
der Methodik eher schwierig ist. Für Anfänger sind die Forschungsdesigns 2 und
3 gut geeignet.

Der Unterschied zwischen einer Bachelor- und einer Masterarbeit zeigt sich häufig in der Tiefe oder der Anzahl der Methoden. Auf der einen Seite kann eine Masterarbeit eine Kombination aus drei Methoden aufweisen, z. B. Literaturanalyse, Befragung und Interpretation durch Experteninterviews, oder einfach eine umfangreiche Literaturanalyse mit deutlich mehr Experteninterviews und einer umfassenderen Auswertung als in der Bachelorarbeit enthalten. Auch ist die Konzeption eines Referenzmodells generell immer eine sinnvolle Alternative, um den Umfang einer Arbeit zu erweitern.

> Für eine Bachelorarbeit ist die Empfehlung Design 2 oder 3, während eine Masterarbeit eine Kombination aus Literaturanalyse, Befragung und Experteninterview, gegebenenfalls mit anschließender Referenzmodellierung sein könnte.

Wichtig ist außerdem, dass Sie neben Ihren Ergebnissen auch Ihr Forschungsdesign sinnvoll nach Abschn. 2.3 einordnen und diskutieren. Warum haben Sie diese Methoden gewählt und wodurch grenzt sich diese von anderen Methoden ab bzw. wie hätte eventuell ein anderes Forschungsdesign die Ergebnisse verändert? Sie sollten dazu die Vor- und Nachteile von Forschungsmethoden erläutern und diskutieren. Beispielsweise eignen sich qualitative Forschungen besser bei explorativen und quantitative eher bei standardisierbaren Sachverhalten. Durch Umfragen kann eine große Zahl von Informationen und Teilnehmern erfasst werden, um eine höhere Allgemeingültigkeit zu erreichen, dafür lassen sich durch offene Fragen in Interviews eher unbekannte Felder erkunden. Vielleicht finden Sie auch Studien, in denen eine ähnliche Vorgehensweise verwendet wurde. Was haben Sie anders gemacht und was war besser?

Abschlussarbeit mit Praxispartner 5

Durch die Kooperation mit einen Praxispartner lässt sich die Qualität einer Arbeit aufgrund des Zugangs zu relevantem Wissen und entsprechenden Daten erhöhen, doch ist diese häufig auch mit einem höheren Aufwand verbunden. Die Empfehlung ist, auf jeden Fall deutlich mehr Zeit (50–100 %) einzuplanen, was sich jedoch lohnen kann. Auch meine Masterarbeit dauerte über elf Monate (Regelzeit sechs Monate) und wurde mit einem Unternehmen als Partner geschrieben. Die Belohnung war neben dem deutschen Studienpreis im Projektmanagement auch ein Anstellungsvertrag im Unternehmen.

Sie bewerben sich dafür zunächst beim Unternehmen mit einem Vorschlag und gehen danach auf den Lehrstuhl zu. Manchmal schreiben Lehrstühle auch Themen mit Praxispartnern aus. Sie sollten also beide Wege in Erwägung ziehen, wobei nach meiner Erfahrung meist der erste gewählt wird.

Die erste Herausforderung ist dabei, ein Thema zu finden, das sowohl vom Lehrstuhl als auch vom Praxispartner akzeptiert wird. Das Thema sollte dabei praxisnah sein und ein Problem des Unternehmens betreffen, zeitgleich aber auch akademischen Ansprüchen genügen. Die Lösung eines unternehmensspezifischen Problems, z. B. die Einführung eines SAP in einem mittelständischen KMU, ist für eine Bachelorarbeit im streng akademischen Sinn nicht ausreichend, während die Anwendung von Lebenszyklus-Modellen auf Software für Unternehmen meist zu theoretisch ist.

Sie stehen also vor dem Dilemma, dass der Lehrstuhl das Thema als zu unscharf definiert und der Praxispartner das Thema als zu theoretisch ablehnt? Der Abstimmungsprozess, der nun ansteht, kann bis zu drei Monate in Anspruch nehmen.

Es gibt viele Wege, ein Thema mit einem Praxispartner zu finden. Generell sind in der Forschung zwei Denkweisen üblich: Auf der einen Seite können

Forscher Erkenntnisse aus der Praxis in die Theorie übertragen oder sie können auf der anderen Seite Erkenntnisse aus der Theorie in die Praxis überleiten. Abb. 5.1 zeigt diese beiden Denkweisen. In Kap. 4 wurde zu nahezu 100 % die Induktion genutzt und Theorie in Praxis umgewandelt.

Nun könnten Sie als erste Möglichkeit die Deduktion erproben, also versuchen, Informationen aus der Theorie in die Praxis zu überführen. Deduktion bedeutet konkret ableiten/herleiten. Beispielsweise wissen Sie: Goldfische leben im Wasser. Ich habe einen Goldfisch. Also muss dieser Goldfisch auch im Wasser leben. Konkret bedeutet es: wie kann allgemeine Literatur ein Praxisproblem des Unternehmens lösen? Diese Denkweise liegt nahe, wenn Ihnen ein Lehrstuhl ein Thema vorgibt.

Schauen Sie bei der Deduktion, ob Sie eine passende Theorie finden. Diese bildet die perfekte Brücke zwischen Theorie und Praxis. Sie müssen hier selbst und individuell beurteilen, welche Theorie an dieser Stelle geeignet ist. Bekannte Theorien sind:

- Systemtheorie Taylorismus/Wissenschaftliches Management (Taylor)
- Theorie X und Y (McGregor)
- Organisationale Lebenszyklusmodelle (Gartner)
- Spieltheorie (von Neumann)
- Organisationsentwicklung (Lewin)
- Evolutionäres Management (St. Gallen)
- Anreiz-Beitrags-Theorie (Simon/March/Banard)
- Changemanagement (Kotter)

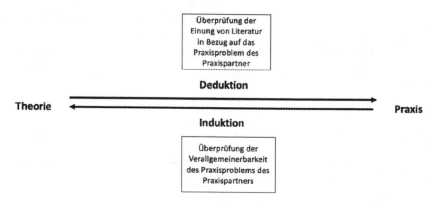

Abb. 5.1 Deduktion und Induktion in der Übersicht. (Quelle: Eigene Darstellung)

▷ Statt einer Theorie können Sie auch Erfolgsfaktoren oder Wirkungs-
zusammenhänge überprüfen, wie bspw. bei der Einführung einer
Software könnten Sie Erfolgsfaktoren ableiten oder bei Untersuchung
agiler Management-Methoden können Sie den Zusammenhang
solcher Methoden mit der Zufriedenheit von Mitarbeitern untersuchen. Es gilt, kreativ zu sein und die Interessen von Universität und
Praxispartner zu vereinen!

Ein zweiter Ansatz ist die Induktion. Induktion bedeutet das Herbeiführen oder
Veranlassen und beschreibt das verallgemeinerte Denken. Denken Sie an den
Goldfisch: Mein Goldfisch lebt im Wasser. Mein Goldfisch ist ein Fisch. Also
müssen alle Fische im Wasser leben. Sie beginnen mit dem konkreten Praxisproblem des Unternehmens und überprüfen, ob es dazu geeignete Literatur gibt.
Diese Denkweise ist die nahe liegende, wenn Ihnen ein Praxispartner ein Thema
vorgibt. Sie verwenden in der Regel Referenzmodelle, um komplexe Sachverhalte
aus der Praxis allgemein darzustellen und Modelle für den Praxispartner zu entwerfen. In diesem Fall nehmen Sie also das Praxisproblem des Unternehmens
und bauen daraus ein Modell oder ein Framework. Auch das Ziel meiner Masterarbeit war es, ein Modell zur Vereinigung agiler und wasserfallartiger Methoden
zu entwerfen. Auch durch eine Fallstudie im Unternehmen lassen sich aufschluss-
reiche Daten erheben, die mit bestehenden Frameworks verglichen werden
können und somit einen Mehrwert bieten.

▷ Sollten Ihnen meine Empfehlungen nicht helfen, können Sie alternativ
versuchen, die Übertragbarkeit vorhandener Literatur, z. B. zu Agilität,
auf die Branche Ihres Unternehmens zu überprüfen. Ein Beispiel wäre
die Anwendung der agilen Methode Scrum in der Finanzbranche am
Beispiel eines ausgewählten Unternehmens (Ihr Praxispartner).

Die Arbeit mit einem Praxispartner zu schreiben, kann Ihnen helfen, die Qualität
der Arbeit zu verbessern, bringt jedoch durch die Koordination zwischen Praxispartner und Lehrstuhl einen hohen Mehraufwand mit sich. Das Thema darf nicht
zu akademisch, aber auch nicht zu praxisnah sein. Dieser Spagat ist nicht einfach
und die Empfehlung ist, eine solche Abschlussarbeit nur anzustreben, wenn sie
Ihnen die Aussicht auf eine qualitativ gute Arbeit oder einen Anstellungsvertrag
bietet oder Sie speziell daran interessiert sind.

Fazit

6

Sie haben feststellen können, dass keine Magie notwendig ist, um komplexe Themen gezielt zu bearbeiten und Sie mit ausreichenden Kenntnissen zur entsprechenden Wissenschaft eine hervorragende Abschlussarbeit schreiben können. Denken Sie dran, dass meine Empfehlungen auf meine persönliche Erfahrung zurückgehen, weshalb Sie jeden Schritt mit dem Betreuer Ihrer Arbeit abstimmen sollten, da dieser auch über die Bewertung entscheidet.

Suchen Sie sich also zuerst ein geeignetes und fundiertes Thema. Auf diesem können Sie ein Forschungsdesign aufbauen, durch das sie den Sachverhalt sinnvoll erforschen können. Achten Sie darauf, dass oft weniger mehr ist, da es sich bei der Wissenschaft um gesichertes Wissen handelt. Forschen Sie also lieber weniger und dafür mit einer sauberen Methodik, als viele Aspekte mit unscharfen Methoden zu behandeln. Weiterhin ist zu empfehlen, ein Literaturverwaltungsprogramm zu verwenden sowie am Ende die Arbeit lektorieren zu lassen.

Das Essential soll mit einigen Hinweisen abgerundet werden, die Ihnen helfen können, wenn Sie in der Arbeit weiterkommen wollen:

- Eine Bachelor- oder Masterarbeit ist keine Hausarbeit. Sie schreiben keinen Text über 30–60 Seiten. Sie sind verpflichtet, einen Teil zur Forschung beizutragen.
- Wenn Sie nicht wissen, wo Sie weitermachen sollen, ist Ihr Thema oft zu breit und Sie sollten es eingrenzen. Weniger ist oft mehr!
- Haben Sie Mut: Sie dürfen grundsätzlich alles in der Abschlussarbeit tun, wenn Sie es ausreichend begründen.
- Sollten Sie daran verzweifeln, dass Sie keine eindeutige Antwort finden, wie z. B. eine Literaturanalyse durchgeführt wird, dann entscheiden Sie sich ein-

D. Lindner, *Forschungsdesigns der Wirtschaftsinformatik*, essentials, https://doi.org/10.1007/978-3-658-31140-7_6

fach für ein Verfahren und begründen Sie es in Ihrer Arbeit. Es wird immer mehrere Varianten geben.

- Denken Sie daran, dass Sie nur begrenzt Zeit haben. Versuchen Sie also, die Forschungsmethoden effizient anzuwenden.
- Haben Sie keine Angst, die Ergebnisse anderer Forscher zu übernehmen. Sie dürfen alles übernehmen, wenn Sie es eindeutig zitieren.
- Stimmen Sie jeden Schritt mit Ihrem Betreuer ab. Die Notengebung liegt bei ihm und es kann sein, dass er meinen Empfehlungen widerspricht. Es führen viele Wege zur Abschlussarbeit.
- Das Wichtigste an der Abschlussarbeit ist am Ende eine ausreichende Diskussion der Ergebnisse. Vergessen Sie diese nicht.
- Weniger ist mehr. Versuchen Sie nicht die Welt durch radikale und innovative Ideen zu bereichern, sondern konzentrieren Sie sich auf eine stringente und schnell nachvollziehbare Forschungsfrage durch nachvollziehbare wissenschaftliche Methoden zu bearbeiten. Das Ziel ist, dass Sie lernen einen komplexen Sachverhalt strukturiert zu bearbeiten.

Ich hoffe, dass Ihnen meine Erläuterungen und Empfehlungen weiterhelfen können und Sie einen ersten Einblick in die Forschung erhalten haben, damit Ihnen Ihre Abschlussarbeit leichter fallen wird. Dieses Essential spiegelt meine persönliche Meinung und Erfahrung wider, wobei es zweifellos weitere Betrachtungsweisen gibt, die ebenso legitim sind. Es wurde bewusst auf zu viele komplexe Definition verzichtet und versucht, konkret mit Beispielen zu arbeiten. Es soll eine Orientierung geben und Spaß am Lesen bereiten. Sie können nun voller Tatendrang den letzten Meilenstein Ihres Studiums in Angriff nehmen können.

Was Sie aus diesem *essential* mitnehmen können

- Wissenschaft besteht in der Erhebung und der Auswertung von Daten durch strukturierte Methoden zur Sicherung von nachvollziehbaren Erkenntnissen.
- Ein Thema in der Wissenschaft sollte ausreichend fundiert und auf aktueller Literatur aufgebaut sein.
- Es gibt verschiedene Forschungsdesigns, die Sie beliebig kombinieren können. Allerdings dominiert bei Abschlussarbeiten in der Wirtschaftsinformatik die Literaturanalyse in Verbindung mit der Befragung und der Durchführung von Experteninterviews.
- Die Forschungsarbeit mit einem Praxispartner kann mehr Aufwand, aber auch mehr Vorteile bedeuten.
- Stimmen Sie alle Schritte mit Ihrem Betreuer ab und nehmen Sie die Empfehlungen aus dem *essential* als Orientierung.

© Der/die Herausgeber bzw. der/die Autor(en), exklusiv lizenziert durch
Springer Fachmedien Wiesbaden GmbH, ein Teil von Springer Nature 2020
D. Lindner, *Forschungsdesigns der Wirtschaftsinformatik,* essentials,
https://doi.org/10.1007/978-3-658-31140-7

Literatur

Bundesverband der deutschen Luft- und Raumfahrtindustrie. (2019). *Der deutsche Drohnenmarkt.* Retrieved from https://www.bdli.de/meldungen/der-deutsche-drohnenmarkt-hat-grosses-potenzial-deutschland-darf-aber-international-nicht. Gesehen 10.10.2019

Brocke, J. vom, Simons, A., Niehabes, B., & Riemer, K. (2009). Reconstruction the giant: on the importance of regour in documenting the literatur search process. In *7th European Conference on Information Systems (ECIS)* (p. 14).

Destatis (2018) – Prüfungen an Hochschulen. https://tinyurl.com/yb4bsztr – 20.05.2020

Duden (2020) – Hypothese. https://tinyurl.com/y8lr77z8 – 11.05.2020

HRK (2019) – Statistische Daten zu Studienangeboten an Hochschulen in Deutschland. https://tinyurl.com/rdfra3f – 20.05.2020

Kuckartz, U., Dresing, T., Rädiker, S., & Stefer, C. (2014). *Qualitative Evaluation. Der Einstieg in die Praxis.* Wiesbaden: VS Verlag für Sozialwissenschaften.

Lindner (2014) Conference Award – https://agile-unternehmen.de/conference_award.pdf-11.05.2020

Lindner (2016) Deutscher Studentenpreis Projektmanagement der GPM. https://agile-unternehmen.de/agile-in-the-waterfallworld/- 11.05.2020

Lindner, D., & Greff, T. (2018). Führung im Zeitalter der Digitalisierung – was sagen Führungskräfte. *HMD – Praxis Der Wirtschaftsinformatik, 7*(1), 20.

Lindner, D., Ludwig, T., & Amberg, M. (2018). Arbeit 4.0 – Konzepte für eine neue Arbeitsgestaltung in KMU. *HMD Praxis Der Wirtschaftsinformatik, 6*(1), 17.

Lindner, D. (2019). *KMU im digitalen Wandel: Ergebnisse empirischer Studien.* Wiesbaden: Springer Gabler.

Lindner, D., & Amberg, M. (2019). Ist Agilität Voraussetzung oder Folge einer zielgerichteten Digitalisierung? *Industrie 4.0 Management, 35*, 30–34.

Lindner, D., & Leyh, C. (2019). Digitalisierung von KMU – Fragestellungen, Handlungsempfehlungen sowie Implikationen für IT-Organisation und IT-Servicemanagement. *HMD – Praxis Der Wirtschaftsinformatik,* 22.

Mayring, P. (2000). Qualitative Inhaltsanalyse. In *Forum Qualitative Sozialforschung 1* (p. 10).

T3N. (2018). DHL liefert Paket erstmals per Drohne. Retrieved from https://t3n.de/news/dhl-privatkunden-paket-drohne-705041. gesehen 18.07.2018

© Der/die Herausgeber bzw. der/die Autor(en), exklusiv lizenziert durch Springer Fachmedien Wiesbaden GmbH, ein Teil von Springer Nature 2020
D. Lindner, *Forschungsdesigns der Wirtschaftsinformatik,* essentials,
https://doi.org/10.1007/978-3-658-31140-7

Webster, J., & Watson, R. T. (2002). Analyzing the past to prepare for the future : Writing a literature review. *MIS Quarterly, 26*(2), XIII–XXIII.

Wilde, T., & Hess, T. (2006). *Methodenspektrum der Wirtschaftsinformatik: Überblick und Portfoliobildung*. München. http://www.wim.bwl.uni-muenchen.de/download/epub/ab_2006_02.pdf.Gesehen 12.10.2018

Downloads

Thema finden: https://agile-unternehmen.de/stuff/thema-finden.pptx

Forschungsdesign-Vorlage: https://agile-unternehmen.de/stuff/forschungsdesign.pptx

Printed in the United States
By Bookmasters